마흔의 기술

나이 들수록 지혜, 행복, 가족, 관계, 내면이 충만해지는

마흔의 기술

이호선 지음

오아시스

프롤로그

마흔, 죽고 싶지만
떡볶이는 먹고 싶은 나이

마흔이란 어떤 나이일까요? 공자 말씀을 떠올려 보면 마흔은 세상을 살아가면서 마주하는 것들에 더 이상 쉽게 미혹되지 않는다는 뜻에서 불혹不惑이라 합니다. 한마디로 쉽게 흔들리지 않는 나이인 것이죠. 그런데 마흔 넘은 분들은 다 압니다. 미친 듯이 흔들린다는 것을요. 나아가 쉰은 하늘의 뜻을 안다는 의미에서 지천명知天命이라 합니다. 그런데 곰곰이 생각해 보면, 오십이 지천명인 이유는 문제가 지천이라 지천명인 것 같습니다. 우리는 왜 마흔, 쉰이 되어도 흔들릴까요? 사람은 불완전한 존재이기에 아무리 나이를 먹어도 자신의 삶을 자부할 수 없기 때문입니다. 자신의 삶을 자부할 수 없으니 자신의 선택을 자꾸만 의심하고 주위 이야기에 흔들리는 것이죠. 그럴수록 긴 삶 속에서 우리가 조금씩 완전해지고 있음을 기억해야 합니다. 그리고 마흔이 되면 삶이 밑바닥에 있는 순간도 있지만 다시 올라오는 순간도 있다는 것을 알게 됩니다. 또한 삶의 경험이 쌓이면서 문제 상황에 대한 나만의 대처법과 삶에 대한 기준이 생기기도 하죠. 그래서 마흔은 문제 상황에 대처하고 극복할 수 있는 힘이 생기는 나이라고 볼 수 있습니다. 한마디로 마흔은 삶이 주는 불안이 큰 만큼 기쁨도 굉장히 큰 나이인 것이죠. 때로는 흔들리고, 때로는 수많은 문제 속에 주저앉는 날도 있겠지만 마흔의 불안에 휩쓸리는 것이 아닌 마흔이 주는 기쁨을 만끽해 보세요.

내일은 불안하고
오늘은 미완성인 시기

마흔은 '꽤 가지고 있으나 아직 덜 가진 나이'입니다. 요즘 마흔은 예전 마흔과 다릅니다. 예전 40대는 중년에 속했다면, 요즘 40대는 청년과 유사합니다. 옛날 사진 속 40대를 보면 마치 요즘 50대, 60대처럼 보이죠. 반대로 요즘 40대는 예전과 비교가 안 될 정도로 젊어 보이고, 오히려 청년과 유사해 보이기까지 합니다. 장년 또는 중년으로 보기는 어렵달까요. 또한 평균 수명이 늘어나면서 마흔에 대한 사회적인 시선도 나뉘기 시작했습니다. 어느 집단에서는 '나이가 많은 사람'으로 대하지만, 또 다른 집단에서는 '아직 젊은 사람'으로 대하죠. 마흔이 혼란스러운 이유는 이뿐만이 아닙니다. 40대는 20대 혹은 30대에 비하면 사회적으로 이룬 것이 많아지는 시기입니다. 직장에서는 보통 과장급으로, 아직 올라갈 일도 남아 있고 한 번 정도 이직 기회가 남았다고 생각하는 시기죠. 그래서 앞으로 내가 무엇을 해야 하는지에 대한 고민이 많아지면서 틈새 불안이 가장 강력하고 선명한 시기가 바로 마흔입니다.

40대는 불안과 그에 따른 강박이 강한 세대이기도 합니다. 인터넷이 본격적으로 보급되면서 타인과 연결되는 데 있어 시간과 공간의 제약이 사라지고 타인과의 접촉이 잦아지자 이전보다 '보이는 것'이 중요해졌습니다. 이러한 인터넷 발달과 함께 성장한 지금의 40대는 타인의 시선을 의식하는 세대인 것이죠. 그와 동시에 개인의 성패가 SNS 등을 통해 타인의 시선에서 평가되고 비교되기 시작하면서 상대적 박탈감이 현실화되었습니다. 나아가 개인이 갖고 있던 불안과 강박은 댓글을 통해 공통으로 흘러나왔고, 한 세대가 불안이라는 감정을 함께 경험하고 앓는 상황을 맞이합니다.

불안의 대표적인 특징 중 하나가 바로 강박입니다. 강박이란 불안을 낮추기 위해 자신의 의지와는 상관없이 특정 행동을 반복하는 상태를 말합니다. 예컨대 손을 반복해서 씻는다거나 머리카락을 계속 만진다거나 손톱을 물어뜯는 등의 행동이 강박의 일종입니다. 현재 40대가 가진 강박 중 하나는 자본 강박입니다. 40대는 자본에 눈 뜬 첫 세대예요. 학교에서 가르쳐 주지 않는 경제 수업을 찾아 들으며 투자, 부동산 등에 뛰어든 세대죠. 그저 공부만 하면 됐던 이전 세대들은 상상도 하지 못한 일입니다. 하지만 지금의 40대, 즉 M세대는 생존하기 위해서는 학교에서 배운 것 이상을 해야 한다는 걸 알고 있습니다. 풍요에 대한 열망과 함께 풍요를 잃을 것 같은 불안이 굉장히 높죠. 그 이유는 M세대의 부모인 베이비 붐 세대와 연결지어 생각해 볼 수 있습니다. 베이비 붐 세대는 스스로 이끌어 낸 경제적 풍요를 기반으로 자기만의 꽃을 피운 세대입니다. 수차례에 걸친 경제 개발을 통해 대한민국 경제를 견인했죠. 게다가 자녀의 교육에 대한 관심도 높았는데, 그 결과 지금의 40대가 '수능 만점 세대'의 포문을 열게 됩니다. 수능에서 만점을 받지 않으면 서울대에 들어가기 힘들었죠. 어디 그뿐입니까? 공부를 잘해야 했던 학창 시절을 지나 성인이 되니 성공에 대한 기준이 엄격해졌습니다. 학벌이나 소위 말하는 '스펙'만 완벽해서는 안 되고, 자기 관리도 완벽해야 했죠. 이처럼 '성공'과 '완벽'에 대한 엄격한 기준 속에서 살아온 지금의 40대는 완벽주의 성향을 띄거나 일종의 강박을 가지게 되었습니다.

강박은 무언가를 하지 않으면 공허함과 불안감을 느끼는 것으로 이어집니다. 그래서 자본을 쌓는 것뿐만 아니라 무언가에 관심과 체력을 쏟는 데 열중하게 되죠. 40대가 꽃피운 문화 중 하나인 '팬덤' 문화는 특정 대상을 열정적으로 좋아하는 '팬'들이 모여 집단을 만드는 문화를 말합니다. 이는 지금의 40대가 중고등학생일 무렵 시작되었죠. 한때 팬덤 문화를 일궜던 중고등학생들이 성인이 된 이후 자기계발, 투자, 사모펀드 등에 관심과 체력을 쏟게 된 것인데, 저는 이를 사회적으로 형성된 집단 무의식이라고 생각합니다. 무언가를 하지 않으면 공허함과 불안감이 몰려오면서 견딜 수 없는 현상이 지금의 40대 마음속에서 무의식적으로 일어나는 것이죠.

절망한 상태에서 꽃피운 문화

40대는 불안과 강박을 타고난 세대기도 하지만, 불안과 강박으로 '할매니얼' 문화를 이끈 세대기도 합니다. '할매니얼'은 '할머니'와 '밀레니얼'의 합성어로, 젊은 사람들이 전통문화를 향유하는 것을 말합니다. 여기에는 시대적 근간이 있습니다. 베이비 붐 세대는 본격적으로 맞벌이를 시작한 세대입니다. 베이비 붐 세대가 맞벌이를 시작하면서 생긴 양육의 빈자리를 할머니와 할아버지 들이 메우게 되었죠. 그래서 M세대 중에는 조부모의 손에서 귀한 똥강아지로 자란 경우가 많아요. 할머니 손에서 온실 속 화초처럼 자란 M세대는 사회에 나와서야 비바람을 마주하기 시작합니다. 몰아치는 비바람에 회사를 그만두고 싶지만 목구멍이 포도청이라 회사를 그만두는 대신 울며 겨자 먹기로 나만의 쉼터를 만들게 됩니다. 어린 시절, 나를 안전하게 보호해 주고 늘 옳다고 괜찮다고 말해 주던 할머니, 할아버지를 문화적으로 소환하는 거죠. 몸뻬바지, 꽃무늬, 흑임자, 오미자, 자개장 등을 소환해서 다시 소비하는 '할매니얼'은 결국 M세대가 자기들만의 특별한 소도를 구축하며 탄생한 문화입니다.

절망한 상태에서 문화의 꽃을 피우는 것은 어려운 일입니다. 그래서 어느 책의 제목이기도 한 '죽고 싶지만 떡볶이는 먹고 싶다.'라는 말이 마흔이라는 시기를 잘 보여 준다고 생각합니다. 죽음과 떡볶이는 정반대에 있죠. 죽는다는 것은 맛있는 음식을 먹고, 좋아하는 사람을 만나는 등 삶을 통해 즐길 수 있는 재미가 사라지는 것입니다. 죽고 싶다는 것은 삶에서 즐길 수 있는 재미와 고통을 모두 내려놓고 싶다는 의미죠. 반대로 떡볶이를 먹고 싶다는 것은 삶을 이어 가며 재미를 추구하고 싶다는 의미입니다. 상반된 의미를 가진 두 문장의 조합에 왜 많은 사람들이 공감할까요? 삶을 포기하고 싶을 만큼 고단하고 힘들지만, 그럼에도 삶 속 즐거움을 알기 때문입니다. 40대가 되면 온갖 시련도 겪지만 행복한 추억도 많이 쌓게 됩니다. 삶의 시련이 언제 닥쳐올지 알 수 없고, 행복의 순간은 짧다는 것을 깨닫게 되죠. 그러니 행복한 순간이 언제 사라질지, 언제 다시 불행이 찾아올지 걱정하고 불안해하며 양가적인 감정을 느끼는 것입니다.

인생의 숲을 헤쳐 나가는 마흔의 기술

우리가 불안한 이유는 인생의 숲, 세대의 숲에서 길을 잃었기 때문입니다. 그러니 불안할 때는 한 번쯤 긴 호흡을 가지고 세대 전체를 아울러 살피면서 내가 가진 특징이 나만의 것이 아님을 깨닫는 것이 좋습니다. 그러다 보면 나만 불안한 것이 아님을, 나만 서툴고 거친 것이 아님을 알게 되면서 조금은 안심하게 됩니다. 또한 각각의 세대를 조망하다 보면 자신을 바라보는 시각도 달라집니다. 비교 지옥 속에서 상대적 박탈감을 느끼며 살아가다가 세대 속 나를 보면 또 다른 관점에서 나를 보게 되기 때문이죠. 나아가 나에게 어떤 한계와 가능성이 있는지 알게 되는 겁니다.

우리는 호모 사피엔스, 즉 생각하는 인간입니다. 그런데 사람들은 자기가 누군지 모르고 죽죠. 우리가 신석기, 청동기, 철기 시대를 지나 21세기의 찬란한 문화와 문명을 꽃피우고 있는 호모 사피엔스임을 기억해야 합니다. 나무를 보지 말고 숲을 보라는 조언을 떠올려 보세요. 인생이란 단도 하나 들고 정글을 헤쳐 나아가는 것인데, 나무만 보다 보면 밀림에 파묻혀 죽을 수도 있습니다. 그러니 의도적으로 먼 거리에서 숲을 보는 연습을 해야 합니다. 그래야 길을 잃지 않습니다.

이 책에는 인생이라는 숲에서 길을 잃지 않고 헤쳐 나갈 수 있는 다양한 기술을 가득 담았습니다. 불안하고 혼란스러운 마흔을 지혜롭게 보내기 위한 생각 다스리는 방법부터 가족과 함께 행복한 마흔을 보내기 위한 행동 다스리는 방법, 친구 혹은 지인과 함께 유쾌하게 지내기 위한 관계 다스리는 방법, 당당하고 품격 있게 살기 위한 습관까지! 어떤 상황이든 대처하고 극복할 수 있는 삶의 노하우를 가득 담은 이 책은 인생이라는 숲속에서 빛나는 이정표가 되어 줄 것입니다. 이 책과 함께 불안하게 흔들리는 삶 대신 춤추듯이 흩날리는 삶을, 불행에 파묻히는 삶 대신 행복을 파헤치는 삶을 사시길 바랍니다. 가장 뜨거울 나이, 마흔 속에서 자신만의 열매를 맺길 바랍니다.

이호선

차례

프롤로그
마흔, 죽고 싶지만 떡볶이는 먹고 싶은 나이 4

1장 생각의 기술 — 무너지지 않는 멘탈 만들기

마흔은 다를 거라 기대하지 마라 20
불안하다면 시간 낭비 말고 일단 뛰어라 24
정신력? 우울증엔 아무 소용없다 28
진짜 해답은 '한 글자' 속에 숨어 있다 32
성공하고 싶다면 삶의 주도성을 찾아라 39
마흔의 폭풍에도 흔들리지 않는 '비밀 무기' 44

2장 감정의 기술 — 무너지는 마음 다잡기

남의 삶만 훔쳐보면 내 삶을 망친다 50
짜증 폭발? 남 탓이 아니라 내 탓이다 55
쇼츠 영상과 게임, 아직도 안 끊으셨나요? 59
살이 찌는 것은 간식이 아니라 도파민 때문이다 63
'사십'의 '사'는 왜 '죽을 사'처럼 느껴질까? 69

3장 행동의 기술 — 더 늦기 전에 바꿔야 할 습관들

행복하고 싶다면 손가락부터 접어라 78
가족이 불행하다면 '말' 때문이다 82
형제자매는 꼴 보기 싫을수록 열심히 응원해라 88
매일 싸우다 정 떨어진 부부가 다시 신혼처럼 사는 법 93
사람들이 나를 무시하는 진짜 이유 102
밥 굶고 밤 새우면서 행복하길 바라지 마라 110

4장 관계의 기술 — 사람 때문에 웃고, 사람 때문에 무너진다

막 대해도 되는 사람은 없다　120
좋은 친구를 바라기 전에 좋은 사람이 되어라　128
반복되는 인간관계 파탄, 원인은 내 안에 있다　133
이번 생에는 인기에 목매지 마라　138
마흔 이후 혼자 싸우는 사람은 지게 마련이다　144
소중한 사람을 방치하면 반드시 후회한다　152
때로는 질 줄도 알아야 한다　158

5장 품격의 기술 — 결국 남는 건 태도다

이럴 거면 부모님께 전화하지 마라　168
나이만 먹는다고 다 어른이 되는 것은 아니다　174
자신감이 바닥났다면 거울부터 봐라　182
노력 없이 행복을 바라는 건 도둑놈 심보다　186
당당해지고 싶다면 책부터 펼쳐라　191
마흔에는 달라지고 싶다면 오늘부터 바꿔라　196

가장 뜨거울 나이,
마흔 속에서 자신만의 열매를 맺길 바랍니다.

1장

생각의 기술

— 무너지지 않는 멘탈 만들기

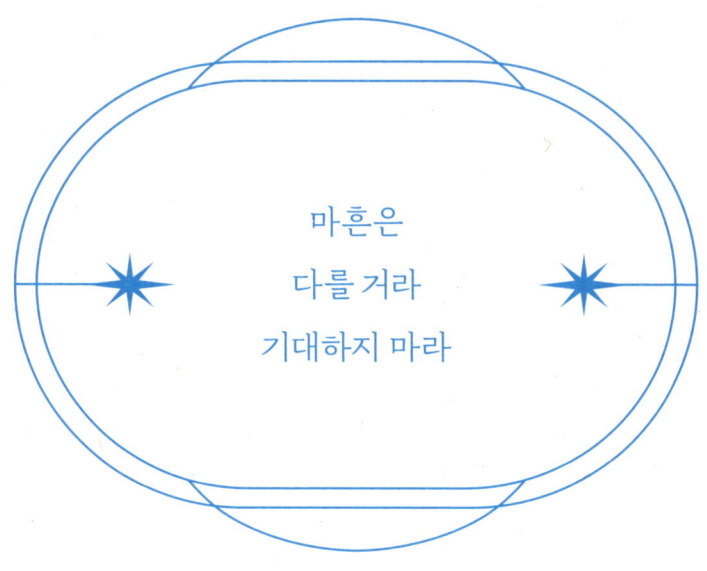

마흔이 지나면 결혼 여부를 떠나 삶에 대한 안정을 찾게 됩니다. 사회적으로 자리도 잡고 함께 살아갈 친구들도 정해지게 되죠. 부모님 간섭과 잔소리도 조금씩 줄어드니 나의 일, 나의 돈, 나의 관계 등 나만의 영역을 갖춥니다. 그래서 마흔은 인생의 스케치가 끝난 시기라고 볼 수 있어요. 게다가 아직 젊으니 직장에 다니고 있다면 다른 회사로 이직할 수도 있고, 새로운 사업을 시도할 수도 있습니다.

또한 월급뿐 아니라 개인연금, 퇴직 연금, 국민연금이 쌓이는 시기이기도 합니다. 한마디로 사회적 인간으로 자리 잡는 시기죠. 그래서 40대가 되면 20대가 가진 요동치는 불안정성이나 30대에 겪는 사회에 적응하기 위한 쓰라림은 얼추 정리됩니다. 나를 추스르는 동시에 주변을 바라보면서 '나라는 사람이 인생을 좀 살아 보니까 인생은 이런 것 같아.'라고 첫 번째 운을 뗄 수 있는 나이가 바로 마흔이죠.

문제는 삶이 안정적으로 자리 잡는 반면 마음은 불안해지기 시작한다는 겁니다. 이룬 것도 많지만 그만큼 인정받고 싶은 욕구도 강하고, 계속해서 더 높은 곳을 향해 나아가야 한다는 강박을 가지게 되기 때문이죠. 요즘 40대가 한창 성장할 때 사회적으로 긍정 심리학이 유행했습니다. 수많은 자기계발서가 '너는 무엇이든 할 수 있어.'라고 끊임없이 이야기해 주니 심장도 쫙 부풀었죠. 취직을 하고 나이를 먹으면 사회적으로 성공해 누구보다 멋진 사람이 될 수 있을 거라고 생각했을 겁니다. 게다가 어린 시절 조부모 손에 자라면서 작은 일에도 칭찬받는 것이 익숙한 세대죠. 하지만 사회는 녹록지 않습니다. 누구도 나의 노력을 알아주지 않고, 누구도 내가 바라는 대접을 해 주지 않죠. 그저 각자의 목표를 향해 달려 나가기 바쁩니다. 조부모와 부모가 속삭이던 칭찬은 시간이 지나도 마음속에서 메아리처럼 반복되지만, 사회에서는 누구도 그 메아리를 외쳐 주지 않습니다. 그러다 보니 마음은 조금씩 불안해집니다. 자신이 쓸모없는 사람처럼 느껴지기도 하고, 인정받고 싶다는 생각으로 인한 강박이 생기기도 합니다. 그러니 자꾸만 이직을 하게 됩니다. 자신의 능력을 알아보고, 그에 맞는 대우를 해 주는 곳을 찾아다니는 것이죠.

어렸을 적 조부모와 부모의 따뜻한 격려와 칭찬 그리고 긍정 심리학으로 심장을 부풀린 40대는 서서히 자신감을 잃거나 불안을 느끼게 됩니다. 풍선이 크게 부풀었다가 바람이 빠지면 어떻게 되나요? 주름이 자글자글해지죠. 삶도 마찬가지입니다. 바람이 빠지는 순간, 자신의 삶이 훨씬 너덜너덜하고 형편없는 것처럼 느껴집니다. 그래서 M 세대부터 은둔형 외톨이가 두드러지기 시작하죠. 은둔형 외톨이는 자신의 인생과 사회에서 자진 철수하기로 마음먹은 사람입니다. M 세대의 은둔형 외톨이를 들여다보면 자신이 가진 역량은 크지만 사회가 자신을 끌어안아 주지 못한다고 생각합니다. 그래서 인생의 다음 단계로 넘어가야 하는 시기에 물속에 잠겨 버리죠. 자신을 끌어올릴 여력을 잃고 인생을 꽃피울 나이에 완전히 침잠하는 양태를 보이는 겁니다. 이처럼 지금의 40대는 심장이 부풀어서 또 한 번의 도약을 생각하지만, 까딱 잘못하면 심장 마비가 오는 세대입니다. 또한 인생의 가장 높은 곳을 향해 가는 만큼 이뤄 둔 것도 많고 삶이 안정을 찾아가는 나이지만, 그 속에 불안도 많은 나이입니다. 안정적인 삶과 혼란스러운 마음 사이에서 고민하지만, 고민에 대한 답은 찾지 못하는 시기가 바로 40대지요. 이러한 40대의 현실 앞에서 주저앉지 않고, 조금 덜 불안해하고 더 단단하게 살아가기 위해서는 어떻게 해야 할까요?

삶이 너무 불안할 때는 일단 나가서 뛰세요. 만약 다리가 불편하다면 걸으면 됩니다. 불안해지면 주변의 모든 것이 뒤틀려 보이고 짜증이 나는데, 그럴 때는 몸을 피곤하게 만들어야 합니다. 밖에 나가서 뛰면 제일 먼저 땀이 나고, 그다음으로 긴장했던 근육이 이완되면서 정신도 이완됩니다. 그러니 불안할 때는 일단 나가서 뛰어 보세요. 요즘 40대는 식사도 잘 챙기고 영양제까지 먹으니 기본적으로

에너지가 많습니다. 그런데 에너지가 많으면 불안과 분노를 더 빨리 느끼게 되죠. 그러니 힘들고 불안하다는 생각이 들면 산책이나 달리기를 하며 에너지를 긍정적으로 발산해 보세요.

불안은 하나의 세계를 구축합니다. 그리고 또 다른 불안을 계속해서 끌어당깁니다. 결국 없던 불안까지 만들어서 마음속을 불안으로 가득 채우게 되죠. 이처럼 마음속에서 혼란을 겪고 있다면 정신건강의학과를 찾아가거나 상담을 받아보는 것도 좋지만 그 전에 뛰어 보세요. 만약 불안함이 사그라들더라도 멈추지 말고 꾸준히 뛰세요. 비가 와도 뛰고 눈이 와도 뛰는 겁니다. 불안은 계절을 가리지 않고 와요. 인생의 어려움도 계절을 가리지 않고 옵니다. 우리에게 조건 없이 아무 때나 찾아오는 불안을 선별적으로 다룰 수는 없습니다. 다만 꾸준히 뛰다 보면 불안해지는 빈도가 낮아지고, 마음속 불안을 이전보다 원활하게 통제할 수 있게 됩니다.

두 번째로 단기 목표와 계획을 세우세요. '인생은 장기'라고 하지만 목표는 단기적으로 세우는 것이 좋습니다. 사람들은 마흔이 되면 머릿속에 인생 그래프를 그리며 장기 계획을 세우기 시작합니다. 그런데 불안은 무조건 단기적으로 해결해야 해요. 불안을 잠재우기 위해서는 나만의 열매를 향해서 숨쉬며 걸어가고, 열매를 얻고, 나의 성취를 다시 한번 느끼는 게 굉장히 중요합니다. 그러니 짧은 기간 안에 열매를 얻고 성취를 느낄 수 있는 목표를 설정하는 거죠. 그리고 목표를 향한 계획을 스스로 세워 보세요. 누군가 나를 대신해서 삶의 계획을 세워 줄 수는 없습니다. 마흔이 넘어가면 다른 사람이 해법을 주지 않으니 스스로 해법을 만들어 가야 합니다. 예컨대 수능 혹은 학교 시험을 준비하던 때를 떠올려 보세요. 아무리 힘들고 포기하고 싶어도 모든 기쁨과 즐거움을 뒤로 미룬 채 목표를 향해 나아갔을 겁니다. '이거 끝나고 나면 저거 해야지.' 하고 생각하면서 말이죠. 이처럼 특정 목표를 성취한 뒤에 얻게 될 보상을 위해 지금 당장 하고 싶은 일을 참는 과정을 프리맥 원리Premack Principle라고 부릅니다. 우리는 프리맥 원리를 수없이 경험하면서 마흔이 되었습니다. 그러니 마흔을 넘어서 살아간다는 것은 자신의 인생 목표를 스스로 설정하고 달성하기 위해 노력할 수 있다는 겁니다. 그러니 지금부터는 스스로 목표를 설정하고 계획을 세우며 삶을 꾸려 나가 보세요. 내 인생의 주파수는 내가 맞추는 거예요.

세 번째로 50대를 만나세요. 50대가 40대에 비해 대단히 지혜로운 건 아니지만 40대를 지나며 경험을 쌓은 나이입니다. 60대를 만나는 것도 좋지만, 60대와 40대는 세대가 다릅니다. 그러니 현실적인 조언을 얻으려면 비슷한 시대를 공유했던 50대를 만나는 것이 가장 좋습니다. 40대 초반이라면 40대 후반을 만나는 것을 추천하고, 40대 전반을 통틀어 삶의 여정이 궁금하다면 50대를 만나는 것을 추천합니다. 지금 해야 할 일은 무엇인지, 지금 하지 않으면 후회할 만한 일은 무엇인지, 나에게는 어떤 장점이 있는지 등에 대한 실질적인 조언을 들어 보세요. 물론 성직자나 철학자와 같이 다양한 영감을 주는 인생의 멘토에게 조언을 얻을 수도 있습니다. 하지만 그들의 이야기는 우리가 살아가야 할 현실과 달라서 괴리감을 느낄 수 있어요. 이야기를 들을 때는 고개를 끄덕이지만 실질적으로 도움이 안 되는 경우가 많습니다. 그럴 때는 주위에 있는 형이나 오빠, 누나나 언니를 찾아가서 그들의 이야기를 듣는 게 훨씬 현실적이고 실질적인 도움이 됩니다.

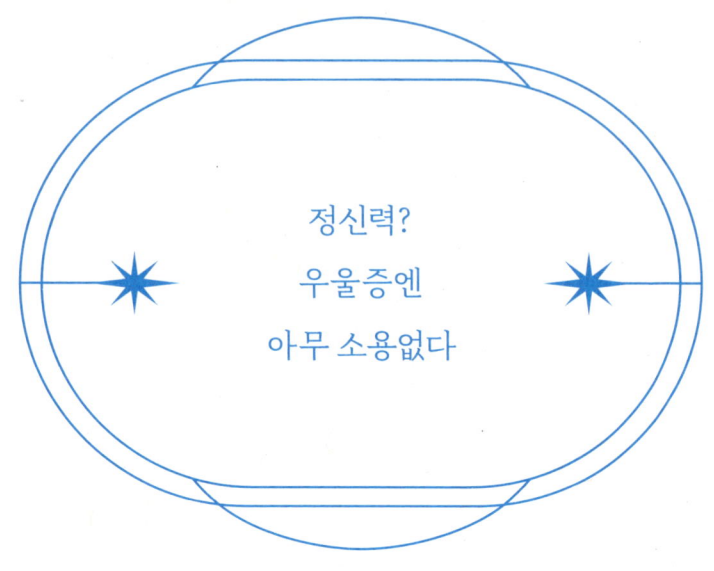

정신력?
우울증엔
아무 소용없다

　　지금의 40대는 세대 자체의 불안 때문인지 마흔이 지나고 나서 우울증이나 불안 장애, 공황 장애가 발병하는 사례가 많습니다. 그런데 문제는 우울증이 발병해도 정신력 문제라고 생각하며 병원이나 상담소에 가지 않는 경우가 있다는 겁니다. 게다가 '병원에 갈 정도는 아니다.'라며 병원에 가는 것을 미루는 사람도 있죠. 병원은 더 힘들어지기 전에 가야 됩니다. 그때가 골든 타임이기 때문이에요. 때를 놓치면 통제가 어려워질 수 있습니다. 상담할 때 골든 타임을 놓친 분들을 많이 만났습니다. 골든 타임에 병원에 갔다면 충분히 치료할 수 있었던 우울증을 방치하다가 우울증에 인생을 잡아먹히는 것도 너무 많이 봤어요. 반대로 골든 타임에 적절한 상담 치료를 통해 삶이 회복되고 상처에 새살이 돋아나는 것도 많이 봤습니다. 그러니 우울증이나 불안 장애, 공황 장애로 힘들다면 꼭 전문가를 찾으세요.

그리고 통제 신화에서 벗어나야 합니다. 나는 내가 잘 안다고 생각하는 게 바로 통제 신화예요. 나는 내가 잘 안다면서 병을 방치한다면 골든 타임을 놓쳐 상태가 악화될 수 있습니다. 마흔이라는 나이는 심리적으로 사춘기의 연장처럼 느껴집니다. 여전히 무엇이든지 할 수 있을 것 같은 전능감을 느끼면서 육체적, 정신적 위험 신호를 무시하게 되죠. 친구도 만나기 싫고, 다른 사람의 이야기는 무슨 말이든 짜증만 나고, 입맛은 떨어지는데 술은 자꾸 당기는 상황 모두 위험 신호입니다. 이러한 위험 신호를 외면하고 있다면 주저하지 말고 전문가를 찾으세요. 의원도 자기 병은 못 고쳐요. 인생을 살아가면서 몸과 정신을 통제할 수 있다는 생각은 버리는 게 맞아요. 다행히 요즘 40대는 자기 발로 정신건강의학과를 찾아간 첫 번째 세대입니다. 남들한테 등 떠밀려서 가는 것이 아니라 불편하거나 힘들면 스스로 병원에 찾아가서 상담하고 치료를 받는 것이죠. 여러분도 몸과 마음이 불편하다면 통제 신화에서 벗어나 병원을 찾아가세요. 그게 내 몸과 마음을 위한 일입니다.

마지막으로 술 마시지 마세요. 요즘 텔레비전 속 드라마를 보면 주인공이 술을 많이 마시죠? 담배 피우는 장면이 금지되고 나니 드라마나 영화 속 인물들이 주야장천 술만 마시죠? 기뻐도 술, 슬퍼도 술, 이래도 술, 저래도 술, 혼자서 술, 여럿이 술. 술을 계속 마십니다. 미디어에서 술 마시는 장면을 쉽게 볼 수 있는 만큼 술을 마시는 일도 흔해졌죠. 술을 마시지 않는 사람을 찾기 어렵고, 일주일에 서너 번씩 술 마시는 걸 이상하게 생각하지 않습니다. 그런데 일주일에 서너 번씩 술 마시는 것은 알코올 사용 장애예요. 알코올 사용 장애의 특징 중 하나는 일상생활을 영위하기 어렵거나 건강이 나빠지는 것입니다. 그럼에도 반복적으로 술을 마시며 끊지 못하죠. 게다가 우울하거나 슬플 때, 힘들 때 술을 마시는 경우도 많습니다. 하지만 술은 기쁠 때 마셔야 합니다. 우울할 때는 절대로 술을 마시면

안 돼요. 술을 마심으로써 우울에 더 침잠할 수 있기 때문입니다. 그러니 술을 멀리하고 마음이 힘들 때 술 대신 찾을 수 있는, 나의 마음을 안정시켜 줄 수 있는 것을 찾아야 합니다. 운동이나 독서 등 취미가 될 수도 있고, 사람이 될 수도 있어요. 그게 무엇이든 부정적인 감정을 털어 낼 수 있는 것을 찾으세요. 병원을 찾아 치료를 받거나 상담을 하는 등 전문가의 도움을 받는 것도 좋습니다.

진짜 해답은
'한 글자' 속에
숨어 있다

          40대의 불안과 고민을 해결하기 위해 준비하고 관리해야 하는 것들은 모두 한 글자로 이루어져 있습니다. 바로 돈, 몸, 옷이죠. 일단 마흔이 되면 돈 관리를 시작하세요. 직장을 꾸준히 다니다 보면 달마다 월급을 받는 데 적응하게 됩니다. 안정적인 수입이 언제까지나 보장되어 있다고 생각하기 쉽죠. 하지만 안정적인 수입은 은퇴와 동시에 없어지니 40대부터 돈 관리를 시작해야 합니다. 경기는 어렵고 인생은 길어졌습니다. 게다가 아직 사회적으로 복지 시스템이 충분히 마련되어 있지 않기 때문에 스스로 노후 준비를 잘 해 두어야 하죠. 마흔은 돈 쓸 데가 많은 나이예요. 부모도 부양하고, 자녀도 양육하고, 외식도 하고, 여행도 가고, 옷도 사고, 머리도 하고, 피부과도 가고, 명품도 사야 하죠. 특히 요즘의 40대는 현재의 행복을 중요하게 여기는 욜로YOLO와 돈을 자랑하는 플렉스Flex의 유행을 겪은 세대입니다. 행복을 위한 소비에 익숙하죠. 하지만 지금부터는 오늘을 위한 소비가 아닌 내일을 위한 연금을 마련해야 합니다. 저는 65세에 퇴직하고 나면 어떻게 살아야 할지에 대한 고민을 아주 옛날부터 했고, 20대부터 연금을 들었습니다. 물론 제가 다른 사람들에 비해 불안도가 높은 것도 맞아요. 하지만 마흔이 되면 돈 관리를 잘해야 하는 것도 사실입니다. 그러지 않으면 퇴직할 때 손에 남은 것이 아무것도 없습니다. 합리적인 소비뿐 아니라 아끼는 소비를 하고, 연금을 두 개 이상 드는 것을 강력하게 추천합니다. 요즘 피자에 맥주만 마셔도 십만 원이 넘어가는데, 이런 소비를 줄여서 연금을 들면 10년 뒤에 굉장히 도움이 될 거예요.

두 번째로 몸을 관리해야 합니다. 마흔이 되면 근육은 쭉쭉 빠지고 피부는 축축 처지기 시작합니다. 예전 40대와 비교하면 요즘 40대가 더 젊어 보이기는 하지만, 그것도 어디까지나 관리하기 나름이죠. 몸을 함부로 대하지 말고 예뻐해 줘야 합니다. 특히 운동할 때 도파민과 세로토닌이 건강하고 적절한 방식으로 분비되기 때문에 자신감과 문제 해결력, 회복 탄력성도 좋아집니다. 몸의 근육뿐 아니라 정신의 근육도 단단해지는 것이죠. 이를 바탕으로 미래를 위한 준비를 할 수 있습니다. 그러니 몸 관리에 더욱 신경 쓰기를 추천합니다. 가능하다면 운동을 하기 전에 자신에게 맞는 운동을 처방받는 게 좋습니다. 운동 처방은 개인의 체형이나 질병, 상황에 따라 적합한 운동을 추천해 주는 것으로 보건소나 정형외과 또는 재활의학과에서 받을 수 있습니다. 40대가 되면 사람마다 체형, 질병, 상황 등이 확연히 달라집니다. 뛰어야 하는 사람이 있고, 뛰면 안 되는 사람이 있죠. 그러니 다치지 않고 오래 몸을 관리하려면 개인에 맞는 운동 방법을 처방받으세요.

세 번째로 옷을 잘 입으셔야 합니다. 비싼 옷을 입으라는 게 아닙니다. 격식에 맞는 옷을 입으세요. 지금의 40대, 즉 M 세대는 패션에 굉장히 민감한 세대입니다. 하이힐을 벗고 운동화를 신게 된 첫 세대이기도 하죠. 저는 지하철을 타면 사람들을 구경하곤 하는데 그중에서도 신발을 많이 봅니다. 예전에는 똑같은 신발을 신은 사람들이 많았는데 요즘에는 거의 없습니다. 이는 우리나라의 사회적 다양성을 보여 주죠. 특히 40대인 사람들의 옷과 신발을 한번 살펴보세요. 같은 브랜드 옷을 입은 사람을 찾아보기 힘듭니다. 이처럼 각자의 개성을 드러내는 것도 중요하지만, 자신의 지위와 위치에 맞는 옷을 갖춰 입는 것 또한 중요합니다. 제2의 인생을 준비하는 시기에 네트워크를 형성하려면 꿀리지 않는 마음도 중요하지만 꿀리지 않는 옷도 중요하기 때문입니다. 스스로를 가꾸며 옷을 갖춰 입는 사람은 왠지 일도 깔끔하게 잘할 것 같고, 함부로 대하기 어렵지 않나요? 이처럼 개인이 가지고 있는 특정한 특성이 그 사람의 평가에 전반적으로 영향을 미치는 것을 후광 효과Halo Effect라고 합니다. 자유롭고 깔끔하게, 격식에 맞춰 옷을 입는다면 나를 향한 타인의 평가에 긍정적인 영향을 미칠 수 있을 겁니다. 40대는 나만의 인생 사업을 시작할 때입니다. 사업이라는 것이 꼭 사업자등록증이 있어야만 할 수 있는 것이 아닙니다. 인간관계도 다 사업이에요. 옷을 갖춰 입으며 자신의 인생 사업에 투자해 보세요.

이외에 좋아하는 일 또는 성장할 수 있는 일을 찾는 것도 중요합니다. 마흔은 아직 성장할 수 있는 나이입니다. 다르게 말하면 성장해야 하는 나이인 거죠. 마흔이 되면 친구들 사이에서도 격차가 벌어지기 시작합니다. 연봉이 다르고, 사는 아파트가 다르고, 타는 차가 다릅니다. 그 속에서 비교를 하게 되면 인생이 불공평하게 느껴지고 억울해집니다. 게다가 나를 일으켜 주거나 나를 위로할 만한 건 아무것도 없습니다. 그럴 때 내면의 아쉬움을 원동력 삼아 성장을 위한 노력을 시작하는 겁니다. 일단 내가 좋아하는 일을 찾으세요. 요즘 40대는 자기가 좋아하는 일을 잘 찾아다닙니다. 무언가를 함께 공부하는 모임을 하기도 하고, 러닝이나 크로스핏 등 운동을 하기도 하죠. 그게 무엇이든 좋아하는 것을 통해 삶의 환기구를 찾는 게 중요합니다. 나를 아끼며 나를 위해 시간과 체력, 돈을 쓰는 것이죠. 집안 경제를 파탄에 이르게 할 정도가 아니라면 월급의 일부를 취미에 투자하는 건 매우 바람직합니다.

마지막으로 독서를 꼭 하세요. 사람마다 마음의 운동장

크기가 다릅니다. 어떤 사람은 마음의 운동장이 크고, 어떤 사람은 마음의 운동장이 작은데, 운동장을 넓힐 수 있는 유일한 방법은 어른의 태도를 갖추는 것입니다. 그리고 어른의 태도를 갖추려면 다양한 지식과 교양이 필요하죠. 책과 달리 영상은 보고 나면 남는 게 없습니다. 그러니 유튜브 등 영상을 보는 대신 일주일에 하루씩 시간을 정해 놓고 숙제처럼 책을 읽어 보세요. 책을 읽을 때는 많이 읽을 필요 없습니다. 열 장을 읽고, 그 속에서 단어 하나와 문장 하나를 무조건 외워 보세요. 처음에는 매주 하는 것이 어렵게 느껴져도 일주일에 하루씩, 3개월만 시도해 보면 완전히 다른 세상이 펼쳐질 겁니다. 실제로 이 과제를 진행하며 사전 검사와 사후 검사를 진행했을 때, 참가자들의 자존감과 자아분화 수준이 높아졌고, 참가자 모두 독서가 자신의 삶에 엄청난 영향을 미쳤다고 이야기했습니다. 이때 자아분화란 타인과 분리되어 자신의 가치관과 신념에 따라 독립적인 자아를 형성하는 능력을 말합니다. 자아분화 수준이 높으면 타인의 의견이나 외부 영향에 쉽게 휘둘리지 않죠. 쉬운 일만 하면 무슨 보람이 있습니까? 어려운 일, 해내지 못할 거라 생각했던 일을 해냈을 때 보람을 느낄 수 있는 겁니다. 침대에 누워서 짧고 자극적인 영상만 찾아 보면서 인생은 왜 공허한가 묻는 대신 책을 읽으며 공허함도 채우고 자존감도 회복하길 바랍니다.

성공하고 싶다면
삶의 주도성을
찾아라

    막연히 '마흔'에는 성공해 있을 거라고 생각해 본 적 있나요? 사회적으로 경험을 충분히 쌓고 나면 다른 사람에게 인정받고 목표를 성취할 수 있을 거라며, 탄탄대로인 인생을 상상하는 사람은 많습니다. 하지만 마흔이 지나도 성공했다고 말하기 어려운 게 현실이죠. 마흔에 인생이 잘 풀리는 사람들의 비결은 무엇일까요?

    첫 번째는 긍정성입니다. 긍정성은 세상을 바라보는 해석

능력을 높여 줍니다. 같은 상황일지라도 부정적으로 보는 사람이 있는 반면 긍정적으로 보는 사람도 있죠. '모든 게 다 좋다.', '모든 사람이 다 좋다.'라고 하는 건 속없는 사람이고요. 진정으로 긍정성을 지닌 사람은 자기 삶에서는 자신이 가진 것을 헤아리고, 다른 사람의 삶에서는 배울 점을 찾아내는 사람입니다. 불행은 예고 없이 들이닥치지만 기쁨과 행복은 손가락으로 헤아려 보면 조금씩 생깁니다. 긍정성을 지닌 사람들은 이 기쁨과 행복을 찾는 능력이 뛰어나죠. 삶을 긍정적으로 바라보는 사람은 자신에게도 긍정적이지만 다른 사람에게도 굉장히 관대합니다. 자신을 향한 기쁨과 타인에 대한 기쁨은 동시에 만들어지기 때문입니다. 고대 이집트에서는 사람이 죽으면 신 앞에 서게 된다고 믿었습니다. 그러면 신은 두 가지 질문을 한다고 합니다. "너의 인생이 너에게 기쁨이었니? 그 기쁨이 다른 사람에게도 기쁨이었니?" 두 질문에 모두 긍정적으로 대답해야만 천국에 갈 수 있었죠. 이 질문은 죽은 자를 위한 질문일까요? 아니요, 이 질문은 산 자를 위한 질문입니다. 특히 마흔에 스스로를 돌아보며 하기에 좋은 질문이죠. 첫 번째 질문은 '너는 너의 인생을 긍정하느냐?'라는 물음으로 재해석할 수 있습니다. 살아가다 보면 부족하고 모자란 부분도 있고, 실수하고 쓰러지는 순간도 있지만 그럼에도 자신의 삶을 어떻게 평가하느냐고 묻는 거죠. 신이 인간에게 이런 질문을 던진 이유는 스스로 완벽하다고 생각하지 않더라도 최선을 다해 살았다는 답변을 기대했기 때문 아닐까요? 스스로 완벽하진 않더라도 최선을 다했다고 자부할 수 있는 삶을 위해 긍정적인 마음으로 삶의 기쁨과 행복을 찾아보는 시간을 자주 가져 보기 바랍니다.

두 번째는 삶에 대한 주도성입니다. 삶을 살아가다 보면 무언가를 결정하는 일이 셀 수 없이 많습니다. 무슨 일을 하며 살아갈지, 누구를 만날지도 스스로 결정해야 하죠. 그런데 마흔이 되어도 남의 결정에 끌려가는 사람이 있습니다. 인생을 멱살 잡혀 사는 거죠. 그러다 보면 내 인생이 내 인생처럼 느껴지지 않고, 다른 사람의 삶을 위한 들러리로 사는 느낌이 듭니다. 자신을 믿고 삶에 대한 주도성을 찾아보세요. 처음에는 조금 혼란스러울 수 있습니다. 자신의 선택이 옳은지 고민되고, 혹시나 잘못된 선택을 하면 어쩌나 걱정되기도 하죠. 하지만 마흔이 되면 인생에서 넘어지는 경험이 많았던 만큼 일어서는 경험도 쌓입니다. 그러면서 삶에 대한 자신감을 높이고 회복 탄력성도 기를 수 있고, 자기만의 윤리 의식이나 도덕적 기준이 생깁니다. 이 나이부터는 무엇을 선택해도 크게 잘못되지 않는 거죠. 다른 사람한테 끌려가는 삶 대신 자신이 원하는 삶을 선택하며 살아가세요.

세 번째는 스스로를 인정하는 것입니다. 마흔을 맞이한 여러분이 1등 부자가 됐으면 좋겠습니다. 1등 부자는 생각보다 간단합니다. 미운 사람 없고 부러운 사람 없는 게 1등 부자예요. 사는 내내 비교 지옥에서 몸부림치며 남들보다 잘하기 위해, 더 높이 올라가기 위해 노력했으니 이제는 자신의 삶을 인정할 때가 되었습니다. 인생이 반토막이 나도록 흔들렸던 순간이 아니라면, 후회스럽고 아쉬웠던 기억은 마음에 남기지 말고 훌훌 털어 버리세요. 그렇게 철들어 가는 게 마흔입니다. 마흔의 매력에 빠져 마흔의 기쁨을 만끽해 보세요. 사회적으로 꼭대기를 향해 올라가는 시기라서 위기와 어려움은 있겠지만, 인생이라는 게 다 줄타기 아니겠어요? 어쩌면 가장 불안할지도 모르지만 그 위태로움 속에서 쾌감을 느끼며 즐겨 보는 겁니다. 내가 얼마나 높이 올라왔는지 돌아보며 자신의 노력과 성과를 인정하세요. 미운 사람이나 부러운 사람을 보는 대신 거울 속 자신을 예뻐하고, 꾸며 주고, 앞으로 네 삶은 괜찮을 거라고 말해 보세요. 그게 바로 1등 부자 아니겠습니까? 긍정성과 삶에 대한 주도성, 그리고 스스로에 대한 인정을 통해 마흔의 삶이 주는 기쁨을 만끽했으면 좋겠습니다.

마흔의 폭풍에도
흔들리지 않는
'비밀 무기'

　　　　　마흔에도 흔들리지 않는 사람이 있을까요? 그런 사람은 없습니다. 하지만 남들보다 덜 흔들리는 사람은 있죠. 주위를 둘러보면 다들 흔들리지 않고 단단하게 잘 사는 것처럼 느껴집니다. 나만 낭떠러지에 서서 삶의 크고 작은 비바람을 맞으며 펄럭이는 것 같은 기분이 들기도 하죠. 마흔은 사회적으로 가장 높은 위치를 향해 날개를 쫙 펼치고 날아가는 시기입니다. 건강한 체력과 이전보다 높은 사회적 지위를 가진 데다 퇴직에 대한 불안도는 낮은 시기죠. 그래서 해야 할 일도 하고 싶은 일도 많고, 불안함 속에서 가능성을 꿈꾸는 시기예요. 이 시기에 흔들리지 않는 마흔을 꿈꿔서는 안 됩니다. 대신 덜 흔들릴 수 있도록 균형을 잡는 방법을 알아야 합니다.

마흔에 균형을 잡기 위해서는 사회적 관계를 안정적으로 유지하는 게 중요합니다. 새로운 관계를 맺는 것보다 지금 맺고 있는 관계를 유지하고 관리하는 게 훨씬 더 중요하단 겁니다. 요즘 손절하는 게 유행이 된 것 같은데, 마흔에는 손절하지 마세요. 마흔은 사회적 관계를 확대해야 하는 시기입니다. 마흔이면 결혼한 지 몇 년 되었거나, 아이가 있다면 아이도 조금 클 테고, 직장에서도 중간 이상의 직책을 맡고 있을 가능성이 높죠. 대부분의 관계도 서서히 안정을 찾아가고 있을 겁니다. 생각해 보면 지금 곁에 있는 사람들이 내 결혼식에 온 사람들이자 내 장례식에 올 사람들이에요. 결혼식, 장례식을 통과 의례라고 부르는 이유는 가족끼리 하는 게 아니라 온 사회가 함께 하기 때문입니다. 이러한 통과 의례를 지나다 보면 사람은 혼자 존재할 수 없다는 사실을 깨닫게 되죠. 내가 사는 집, 내가 타는 차, 내가 입는 옷, 내가 걷는 거리 모두 나 혼자 만들 수 없습니다. 그러니까 손절하지 마세요. 물론 가스라이팅이나 그루밍을 하는 악마는 도망쳐야 할 대상입니다. 하지만 나에게 해를 끼치는 사람이 아니라면 굳이 손절할 필요 없습니다. 불편한 사람이 있으면 일단 지켜보세요. '아, 쟤는 저렇게 살다가 죽겠구나.' 이렇게 생각하면서요. 그리고 때로는 한심해 보이는 사람이 나에게 도움이 되는 사람일 수 있음을 기억해야 합니다.

인간관계를 관리할 때는 미운 사람을 피하는 것보다 잘 관리하는 것이 중요합니다. 미꾸라지 한 마리가 물을 흐린다는 말 아시지요? 사회가 원활하게 굴러가려면 미꾸라지 관리를 잘 해야 합니다. 마흔이 되면 누가 미꾸라지인지 한눈에 보입니다. 미운 사람을 미워만 하고 외면하는 것이 아니라 관리 대상으로 두고 잘 살피면서 그 사람이 사회에서 함께 살아갈 '파트너'가 될 수 있도록 도와야 해요. 미꾸라지, 즉 미운 사람을 잘 관리하는 게 마흔에 해야 할 인간관계 관리의 핵심입니다.

후회스럽고 아쉬웠던 기억은
마음에 남기지 말고 훌훌 털어 버리세요.
그렇게 철들어 가는 게 마흔입니다.
마흔의 매력에 빠져 마흔의 기쁨을 만끽해 보세요.

2장

감정의 기술

— 무너지는 마음 다잡기

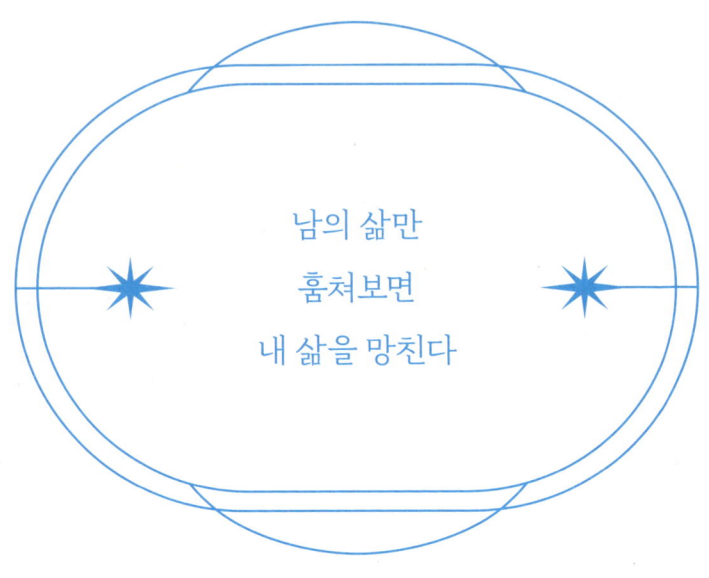

마흔이 되면 박탈감이라는 감정이 마음속에서 싹트기 시작합니다. 아는 게 별로 없을 때는 비교할 것이 없어서 불행하지 않지만, 살아온 시간만큼 아는 게 많아지면 자신이 가진 것과 비교하게 되고 박탈감도 커지게 되죠. 누군가 SNS에 자랑하는 것이 가짜일지라도 우리는 그게 가짜인지 모르고 받아들입니다. 게다가 주변에 그와 비슷한 사람들이 많아지면 그게 사실처럼 느껴지고, 내가 가진 것

들, 내가 처한 상황과 비교하게 되죠. 때로는 남들이 하는 것을 나도 해야 할 것만 같은 강박에 시달리기도 합니다. 인터넷 시대, SNS 시대가 열리면서 꽃피운 비교 문화 속에서 살아가는 세대를 나무랄 순 없지만 한 가지는 확실히 해야 합니다. 어떤 상황에서든 스스로 경계를 정할 줄 알아야 합니다. 남들의 의견에 휘둘리지 않고 나만의 기준을 세워 삶을 꾸려 나갈 수 있어야 해요. 사람은 상황을 판단하고 행동할 때, 주위 환경에 많은 영향을 받습니다. 타인의 의견에 동조하려 하고, 다른 사람들을 따라가려 하죠. 예컨대 똑같은 길이의 직선 두 개와 그보다 긴 직선 하나가 있을 때, 여러 사람이 세 직선의 길이가 똑같다고 말하면 나머지 사람도 세 직선의 길이가 똑같다고 말할 가능성이 높습니다. 자신의 의견이 다른 사람들과 다를 때, 자신의 의견을 밀고 나가는 것보다 자신이 틀렸다고 생각하는 경향이 높은 겁니다. 그러니 정신을 똑바로 차리고 나만의 기준을 세워 내가 올바르게 판단할 수 있는 환경을 조성하는 게 중요합니다. 남들이 좋다고 하니, 남들이 다 하니 해야 한다고 생각하지 말고, 자신이 중요하게 생각하는 가치관과 인생의 목표를 떠올리세요. 그리고 자신의 가치관과 목표에 맞는 삶을 꾸려 나가는 겁니다. 정신없는 사회에서 나만의 기준 없이 살다 보면 나도 정신을 잃게 될지도 모릅니다.

우리는 모두 서민이며 비슷하게 살아갑니다. 아침 9시까지 출근해서 저녁 6시까지 죽도록 일하다가 자기 전에 술 한잔 마시면서 사는 거 아니겠어요? 이렇게 사는 게 불행한 것은 아닙니다. 각자 자기만의 인생을 살아가고 있기 때문이죠. 내 삶을 위해 일했으니까, 내 일을 통해 가족이 먹고 마시고 살아가니까, 배우자가 나에게 괜찮다고 말했으니까, 내 아이들도 건강하게 자라고 있으니까 괜찮은 겁니다. 계속해서 타인과 자신의 삶을 비교하며 박탈감을 음미하지 말고 현재 자신의 삶 속에서 행복을 들여다보세요.

박탈감은 우리를 좌절시키지만, 다행히도 마흔이 되면 그동안의 좌절 경험이 우리를 성장시켰음을 알게 됩니다. 수차례 좌절하면서도 다시 일어나 될 수 있었던 건 과거의 좌절이 나를 성장시키는 최적의 좌절이었다는 의미입니다. 때로는 박탈감을 느끼고, 그 박탈감이 무력감이나 우울감으로 이어지기도 하지만 이전의 좌절 경험이 나를 성장시켰듯이 지금의 박탈감도 나를 성장시킬 것이라고 믿어야 합니다. 그래야 우울감과 무력감에서 보다 빠르게 빠져나오고, 더 깊은 우울로 빠지지 않을 수 있습니다. 그리고 일상을 유지하는 것 또한 중요합니다. 감정을 다스리는 방법은 마음이 아닌 몸에 있습니다. 박탈감으로 인해 모두 무의미하게 느껴지거나 불안하고 우울하다고 출근을 하지 않거나 밥을 먹지 않는다면 일상이 파괴되면서 감정도 함께 파괴됩니다. 나를 붙잡아 줄 수 있는 게 없어지죠. 감정에는 총량이 있고, 총량을 다 쓰기 전에는 감정이 사그라들지 않습니다. 하지만 감정을 모두 써 버리기 전까지 일상생활을 포기할 수도 없는 노릇이죠. 그러니 감정과 상관없이 평소 생활했던 루틴을 그대로 이행하세요. 평소 일어나던 시간에 일어나고, 밥 먹던 시간에 밥 먹고, 출근하던 시간에 출근하고, 운동하던 시간에 운동하고, 귀가하던 시간에 귀가하세요. 이 루틴이 깨지지 않으면 감정도 다시 제자리를 찾을 겁니다. 일상 속 루틴이 여러분의 감정을 잡아 줄 겁니다. 가능하다면 일상 속 루틴에 자신만의 행복을 찾을 수 있는 요소를 심어 보세요. 나를 위로해 주는 장소에 가거나, 들으면 힘이 나는 노래를 듣거나, 먹으면 기분이 좋아지는 음식을 먹어 보세요. 그렇게 일상을 유지하다 보면 다시 일어날 수 있는 힘이 생길 겁니다. 타인과 내 삶을 비교하지 말고 내 삶 속에서 행복을 찾는 연습을 시작하세요.

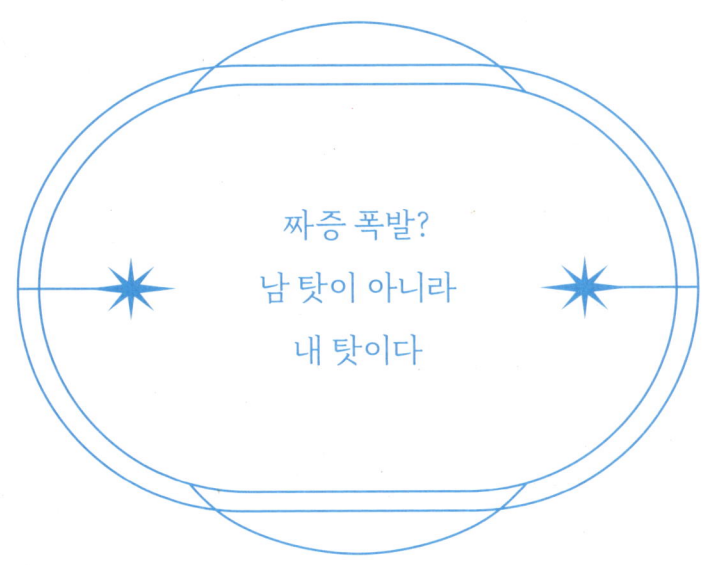

짜증 폭발?
남 탓이 아니라
내 탓이다

 마흔이 지나고 시도 때도 없이 짜증이 솟구치는 분 있죠? 그런 분은 예민하거나 에너지가 부족하거나 둘 중 하나입니다. 예민한 경우를 먼저 살펴볼까요? 예전에는 예민한 사람을 부정적으로 바라봤는데, 최근 들어 예민한 사람에 대해 긍정적으로 바라보는 시선이 많아졌습니다. 예민함의 긍정적인 면을 이야기하는 책도 많아졌지요. 그런데 예민함은 단순히 긍정적으로만 바라보기 어렵습니다. 예민함은 타인을 배려하는 마음으로 발산될 수도 있지만, 나를 보호하기 위해 타인을 해하는 방향으로도 발산될 수 있기 때문입니다. 그러니 자신이 예민하다면 자신이 왜 예민한지, 그 예민함이 어떻게 발산되고 있는지 찬찬히 살펴보는 것이 중요합니다. 예민하다는 것은 피부가 벗겨진 상태와 같습니다. 벗겨진 피부에 무언가 닿으면 고통스러워하는 것처럼 예민한 사람은 작은 일에도 크게 상처받거나 화를 냅니다. 그러니 자신이 예민하다면 주변 사람에게 화를 내거나 짜증을 내기 전에 자신의 내면을 확인해 보세요. 마음이 다쳐 곪은 곳은 없는지, 왜 예민해지게 되었는지 생각해 보는 겁니다. 그리고 자신의 예민함을 잠재우고 짜증을 다스릴 방법을 찾으세요.

먼저 자신의 에너지 수준을 확인하세요. 그리고 에너지가 부족해서 예민한 경우에는 휴식을 취하고 체력을 키우세요. 사람은 에너지가 부족하면 짜증이 나고, 에너지가 축적되면 분노가 많아집니다. 에너지가 적은 사람은 주어진 일보다 자신이 가진 에너지가 적으니 일을 해낼 수 없어 짜증이 나는 겁니다. 에너지가 많은 사람은 종일 돌아다니고 말을 해도 잠깐 눈 붙이면 다시 힘이 나지만, 에너지가 적은 사람은 조금만 걷거나 이야기해도 다크서클이 턱끝까지 내려오죠. 그러니 사람은 자신의 에너지 수준을 확인해야 합니다. 에너지가 적다면 사람을 만나는 횟수나 인원을 줄이고, 에너지가 많다면 사람을 만나는 횟수나 인원을 늘려 자신의 에너지를 발산하는 것이죠. 이처럼 자기의 에너지 수준을 알고, 그에 따라 주위 환경을 조성하는 것은 굉장히 중요합니다. 늘 말씀드리지만 주제를 알고 분수를 알아야 해요. 자신의 에너지가 얼마큼인지 아는 것도 주제를 아는 겁니다. 내가 나를 보호할 수 있는 영역, '내가 이쯤 되면 피곤하구나. 이 정도 되면 짜증이 올라오는구나. 내가 어떤 부분에 발작 버튼이 있구나.' 하는 것을 알아차리는 것이 중요해요.

만약 매사에 짜증이 난다면 자기만의 스트레스 해소법을 만들어야 합니다. 이를테면 쪽잠을 자며 에너지를 보관해 보세요. 5분도 괜찮고 10분도 괜찮습니다. 그리고 일찍 퇴근하세요. 집에서 혼자만의 시간을 가지며 회사에서 받았던 스트레스를 풀고 휴식을 취하는 겁니다. 그리고 에너지를 충전할 수 있는 취미나 음식 등을 찾아보세요. 회식도 마지막까지 남을 필요 없습니다. 피곤하고 지친다 싶으면 중간에 집에 들어

가세요. 짜증을 많이 내는 분이 자존심이 세서 먼저 집에 가지 않고 체력이 모자라도 끝까지 앉아 있는 것은 민폐입니다. 자기 자신에게도, 주위 사람에게도 좋지 않아요. 에너지가 부족한 상황에서 사람들과 함께 있다 보면 기분이 안 좋아지거나 갑자기 화를 내서 서로 불편해질 수 있습니다. 그러니 자신의 에너지가 떨어졌다고 판단될 때는 아쉽더라도 다음 만남을 기약하며 산뜻하게 헤어지는 것이 좋습니다.

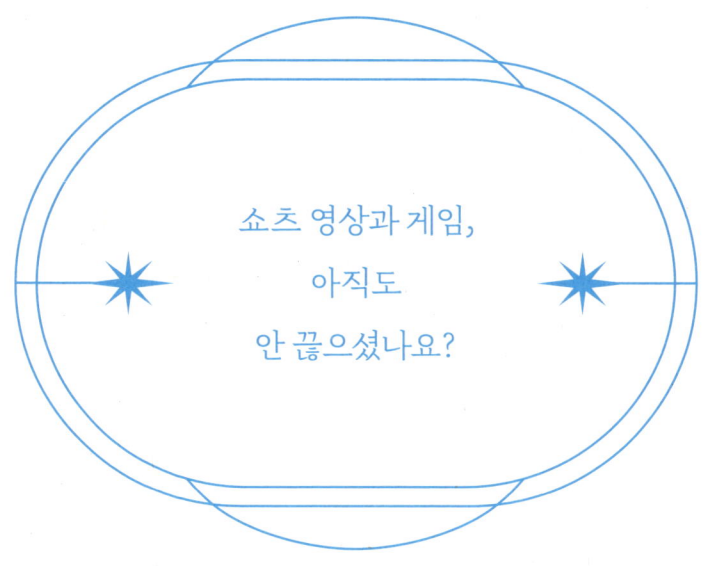

세상이 인터넷으로 연결되면서 안 그래도 바쁜 삶이 더 바빠지지 않았나요? 포털 기사, 유튜브 영상 등을 통해 쏟아지는 소식도 확인해야 하고, SNS 속 친구들의 근황도 확인해야 하죠. 한시도 쉴 틈 없이 하루를 보낸 뒤 잠자리에 누우면 오늘 하루가 무의미하고 허무하게 느껴지기도 합니다. 그럴 땐 휴대폰 사용을 줄이고 나만의 시간을 가져 보세요. 특히 1~2분 이내의 자극적인 내용으로 구성된

'쇼츠 영상'과 멀어져야 합니다. 쇼츠 영상은 짧은 시간 동안 많은 정보를 보여 줍니다. 그래서 쇼츠 영상을 통해 재미를 얻기도 하고 새로운 정보를 얻기도 하지만, 시간이 지나고 나면 하나도 기억에 남지 않죠. 사람의 뇌가 한 번에 처리할 수 있는 정보는 다섯 개 내외입니다. 이때 정보를 기억하고 처리하는 것을 '작업 기억'이라고 하는데, 한 번에 너무 많은 정보가 도달하면 뇌가 멈춰 버립니다. 그렇게 뇌가 움직이지 않으면 어떻게 될까요? 마치 치매 증상처럼 기억이 삭제되거나 깜빡깜빡하는 현상이 생깁니다. 그러니 쇼츠 영상을 멀리하는 것이 좋습니다. 그리고 게임도 너무 많이 하면 안 됩니다. 요즘은 세대를 불문하고 전 국민이 게임을 하죠. 특히 요즘 40대는 게임을 하기 시작한 세대라서 그런지 유독 게임을 많이 합니다. 문제는 게임을 하고 나면 허무함을 느낀다는 것입니다. 쇼츠 영상이든 게임이든 무의미한 것에 시간을 쏟고 허무함을 느끼는 이유는 강박 때문입니다. 인간은 아무것도 하지 않는 시간이 많아야 합니다. 학교에서든 회사에서든 가정에서든 24시간 쉬지 않고 무언가를 하며 살 순 없어요. 인생이 원래 다 그런 겁니다. 그런데 M 세대들은 아무것도 하지 않고 가만히 휴식을 취하는 것을 견디지 못합니다. 어릴 적 종일 학원을 뺑뺑 돌고, 자기 전까지 숙제를 하며 한시도 쉬지 않고 24시간을 채워야 했던 세대가 이제 나이를 먹어 버린 거예요. 시간이 비는 걸 견딜 수 없으니 쇼츠 영상이라도 보고 게임이라도 해야 하는 거죠. 이러한 여유 시간에 대한 불안과 강박을 이해하지 못한다면, 게임을 끊고 쇼츠 영상을 보지 않는다고 하더라도 무의미하게 시간을 보낼 수 있는 또 다른 콘텐츠를 찾게 될 것입니다. 그러니 여유 시간에 대한 불안과 강박을 이해해야 합니다. 자신의 강박이 무엇인지 어디에서 왔는지 이해한다면 강박에서 자유로워질 수 있습니다. 여유 시간에 대한 강박이 있다면 아무것도 하지 않는 순간을 만들어 보세요. 예를 들면 집에서 설렁설렁 음식물 쓰레기 버리고, 아이들은 어떻게 크고 있나 들여다보고, 배우자 머리에 흰머리가 몇 개나 있나 세어 보기도 하는 거죠. 이렇게 작업 노동을 하지 않고 흘려보내는 시간이 있어야 합니다. 취미로 하는 게임도 노동입니다. 무언가에 집중하고 체력을 쏟아야 하는 일이기 때문이죠. 무의미한 게임으로 시간을 흘려보내지 말고 나를 위한 시간을 가지며 휴식을 취하는 시간을 만들어 보세요. 예를 들면 가족과

의논하여 하루에 한 번 아무것도 하지 않는 '절대 시간 30분'을 만드는 겁니다. 맞벌이로 일도 해야 하고, 아이도 봐야 하고, 집안일도 해야 하니 얼마나 바빴나요? '절대 시간 30분' 팻말을 만들어 방문에 걸어 두고 방에 들어가세요. 그러면 아무도 못 건드리는 거죠. 처음엔 아이들이 문을 두드리기도 하고 울고불고 난리인데 시간이 지나면 아이들도 익숙해집니다. 이때 중요한 것은 누구에게나 해방되는 시간이 있어야 한다는 거예요. 세상의 여러 복잡한 정보로부터 벗어나는 시간을 가져야 합니다. 그래야 건강해져요. 피부에 모공이 있어야 숨을 쉬듯이 우리의 삶도 구멍이 있어야 합니다. 휴식이 있는 삶은 잘못된 인생이 아닌 여백이 있는 인생이라는 걸 기억하세요.

살이 찌는 것은
간식이 아니라
도파민 때문이다

요즘 남녀노소 불문하고 도파민 중독에 빠져 있는 것 같습니다. 특히 40대는 인터넷을 자유롭게 활용한 첫 세대라서 도파민 중독의 수준도 남다른 것 같습니다. 도파민 중독에서 벗어나는 것은 쉽지 않은 일입니다. 중독이라는 게 끊어도 자꾸 눈에 아른거리니까 중독이잖아요? 도파민에서 벗어나려고 해도 나를 즐겁게 해 주던 자극적인 것들이 자꾸만 생각나기 마련입니다. 사람들이 도파민을 쉽게 생각하지만 사실 도파민은 두려운 존재입니다. 머릿속에서 도파민이 빵빵 터지는 데 중독되면 웬만한 자극으로는 만족하기 힘듭니다. 그래서 극단의 기쁨이라는 자극만을 계속 추구하게 되는데, 이는 일종의 기쁨 강박이기도 합니다.

40대의 기쁨 강박은 주로 술, 운동, 게임으로 나타납니다. 기쁠 때, 슬플 때 가리지 않고 술을 마시면서 기쁨의 감정을 이끌어 내는 사람이 있죠. 운동을 하는 사람들은 일주일 내내 운동을 하거나 운동을 하며 만난 사람들과의 관계에서 기쁨을 얻습니다. 게임을 하는 사람들도 마찬가지죠. 이렇게 기쁨을 추구하는 것이 왜 문제가 될까요? 흔히 도파민이 계속 분비된다면 행복할 것이라 생각하지만, 행복은 지속적인 상태가 아닙니다. 인생이라는 건 원래 별일이 없는 겁니다. 평범하고 평온한 하루가 지속되다가 가끔 즐겁고, 자주 짜증스럽고, 어느 날은 엄청 슬펐다가, 어느 날은 별일이 없는 게 바로 인생 아니겠어요? 행복은 인생에 드물게 찾아오는 감정입니다. 그래서 행복했던 순간이 얼마 없고, 더 소중하게 느껴지죠. 그런데 계속해서 기쁘고 행복하고 싶다는 욕심에 내가 가진 체력과 돈, 시간을 고려하지 않고 하고 싶은 대로만 하면 어떻게 될까요? 너덜너덜해집니다. 사람은 계속 달릴 수 없습니다. 계속 먹기만 할 수도, 계속 게임만 할 수도 없죠. 잠도 자고 쉬기도 해야 하죠. 그러니 도파민 중독에서 벗어나야 합니다. 내가 하고 싶은 것들을 절제하고, 일상생활을 영위할 수 있는 힘을 길러야 해요.

도파민 중독의 핵심은 우리가 가진 시간을 낭비하고 남용하는 것입니다. 도파민에 중독되면 인생에 도움이 되지 않는 영상을 보는 데 시간을 쏟거나, 해야 할 일을 미루면서까지 게임을 하며 시간을 보내죠. 이렇게 시간을 낭비하고 남용해도 행복에 도달할 수 없고, 오히려 허무함만 남는 도파민 중독에서 벗어나야 합니다. 그런데 도파민 중독에서 벗어나려면 어떻게 해야 할까요? 도파민 중독에서 벗어나려면 낭비와 남용의 습관을 먼저 버려야 합니다. 낭비와 남용의 습관을 버리기 위한 가장 간단한 방법은 '금식'을 통해 스스로를 통제하는 힘을 기르는 겁니다. 요즘은 365일, 일 년 내내 잔칫날이죠. 외식과 배달 문화가 발달하면서 다양한 음식을 언제든 먹을 수 있는 세상이 되었습니다. 매운맛, 짠맛, 단맛을 부각시킨 자극적인 음식이 넘쳐 나죠. 게다가 많은 현대인이 아침, 점심, 저녁을 꼬박 챙겨 먹고 간식이나 야식까지 먹으며 필요 이상의 칼로리와 영양분을 섭취하고 있죠. 자주 먹던 간식, 야식을 끊는 일은 쉽지 않게 느껴집니다. 자극적인 음식 또한 도파민을 활성화시킵니다. 다르게 말하면 자극적인 음식을 먹는 행위도 도파민 중독의 일종인 것이죠. 그러니 일주일에 하루 동안 음식을 먹지 않음으로써 낭비와 남용의 습관을 버리는 연습을 해 보세요. 현대인 대부분은 평소에 잘 챙겨 먹기 때문에 하루 굶어도 괜찮습니다. 물론 병이 있거나 몸이 약한 분은 굶으면 안 되죠. 하지만 하루 정도 굶을 수 있는 건강한 몸을 가졌다면 시도해 보는 걸 추천합니다. 하루 동안 금식을 하면 머리가 맑아지고, 금식을 해냈다는 성취감이 생깁니다. 또한 일주일에 한 번 금식하는 것이 루틴으로 자리 잡으면 다이어트처럼 자신의 몸과 마음을 관리할 수 있게 됩니다. 금식하는 날이 아니더라도 자극적인 음식을 피하게 되고, 몸이 가벼워지는 긍정적인 신호를 느끼면서 운동도 시도할 수 있죠. 여러분도 지금부터 일주일에 하루씩 금식을 하며 자극에서 벗어나 건강하고 유의미한 삶을 위한 연습을 해 보세요. 그리고 쇼츠 영상, 게임 등과 서서히 멀어지는 겁니다.

금식을 하거나 도파민 중독에서 벗어나기 위해 게임, 쇼츠 영상 등에서 멀어진 초기에는 기운이 빠진다고 느낄 수 있습니다. 음식을 먹지 않기 때문에 몸이 느끼는 허기짐과 에너지 부족이 원인이 될 수 있고, 재미와 흥미있는 일이 사라지니 삶이 재미 없거나 우울하게 느껴질 수도 있습니다. 이는 도파민으로 중독되었던 몸이 평온한 상태로 전환되기 때문입니다. 도파민이 분비되면 기분이 좋아지면서 활력을 느끼게 되는데 매일 자극적인 음식을 먹거나 쇼츠 영상을 보는 사람들은 이러한 상태를 유지하고 있는 것이죠. 하지만 이는 일상적인 상태가 아닙니다. 때문에 활력이 사라져 일상적이고 평온한 상태로 돌아왔을 때 기운이 빠진다고 느낄 수 있습니다. 하지만 금식을 통해 도파민 중독에서 벗어나기 위해 노력하다 보면 기운이 빠진다고 느꼈던 상태가 평온하고 차분하게 느껴지면서 일을 하거나 책을 읽을 때 집중이 잘 되고, 나아가 자극적인 것이 없어도 지루하거나 심심하게 느껴지지 않게 됩니다.

내가 어떤 것을 먹을 수 있지만 먹지 않겠다는 것, 정해진 시간에 계획한 것을 해내는 것은 삶을 통제할 수 있다는 의미입니다. 그리고 무언가에 중독됐다는 것은 스스로를 통제할 수 없다는 의미죠. 무언가에 중독되어 스스로를 통제할 수 없다고 생각될 때는 일주일에 한 번 요일을 정해 놓고 단식을 해보세요. 이는 단순히 나를 통제하는 것을 넘어 내 삶에 대한 자가 점검이자 자기 돌봄이 될 것입니다.

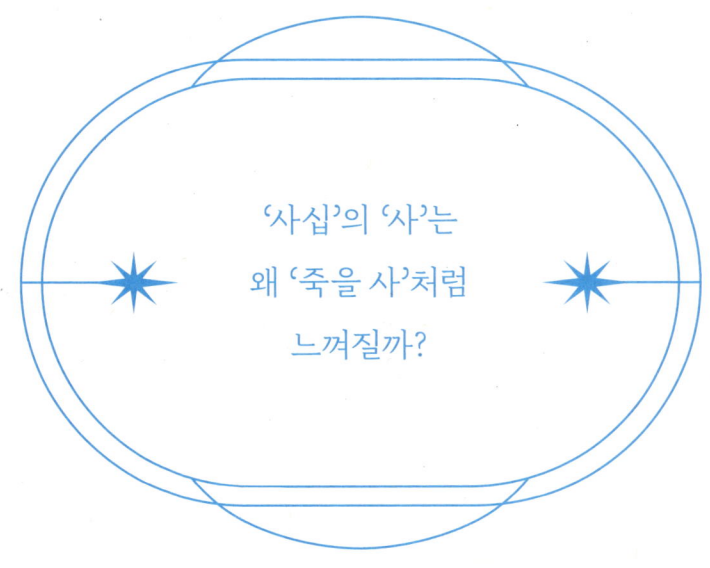

'사십'의 '사'는
왜 '죽을 사'처럼
느껴질까?

　　　　　　　　　　마흔이 되면 특별한 이유 없이 지
치고 힘들 때가 많아집니다. 사실 사람의 마음은 대체로 힘든
상태를 유지합니다. 그런데 40대가 되면 유독 지치고 힘들어
하면서 사십의 '사'가 '죽을 사死'로 느껴집니다. 자신의 인생
이 죽을 것 같은 인생으로 느껴지는 거죠. 그간 열심히 일해
온 만큼 지치기도 했고, 체력도 전보다 약해지는 데다 체중이
늘어나니 몸에 피로가 쌓여 힘듦의 무게가 더 크게 느껴집니

다. 게다가 평가하는 시선이 많아지니 심리적으로 부담과 압박을 느끼기도 하죠. 부모, 자식, 형제자매, 친구, 선후배 등 살면서 맺은 여러 관계들이 위에서는 나를 내려다보고, 밑에서는 나를 올려다보니 기대에 부응해야 한다는 부담과 압박을 느끼게 됩니다. 그뿐인가요? 타인뿐만 아니라 스스로 삶을 평가하기도 합니다. 살아온 인생을 돌이켜 보며 자신에게 묻죠. '스스로 생각하기에 지금까지 무엇을, 얼마나 성취하며 삶을 살았니?'라고요. 이렇게 평가하는 시선이 많아지니 인생이 피로할 수밖에 없습니다. 한마디로 마흔은 심리적, 정신적, 육체적으로 힘들 만한 이유가 한데 뒤섞인 상태입니다.

마음이 힘들다는 건 삶을 다시 한번 되돌아볼 시점이 되었다는 의미입니다. 인생의 중간 점검을 할 때가 됐다는 거죠. 체중이 늘면 다이어트를 해야겠다고 생각하고, 건강 검진 결과가 좋지 않으면 건강을 챙겨야겠다고 마음먹는 것처럼 일종의 경각심을 일깨우는 시기입니다. 그리고 체중이 늘거나 건강 검진 결과가 좋지 않을 때, 뭘 먹어서 체중이 늘었는지, 어떤 관리가 부족했는지 고민하는 것처럼 마음이 힘겨울 때도 내 삶을 돌아봐야 합니다. 어느 날 문득 마음이 힘겹다면 내가 지금 세운 삶의 목표가 맞는지, 제대로 살아가고 있는 중인지 확인해야 합니다. 이때의 점검은 평가와는 다릅니다. 평가는 무엇을, 얼마나 성취했는지 측정하는 것이지만 점검은 목표를 성취하기 위해 계획한 삶을 잘 따라가고 있는지 확인하는 것입니다. 그러니 인생의 초점이 어긋나 있거나 헛다리 짚고 산다는 판단이 들면 우울해하거나 기죽는 것이 아니라 삶의 방향을 조정할 때라고 생각하고 행동하셔야 합니다.

 마음이 힘들다면 '나의 역할'을 점검해 보는 것을 추천합니다. 마흔에 접어들면 책임져야 하는 일이 이전보다 많아집니다. 나도 모르는 사이에 이런저런 역할을 맡고 있는 경우도 있죠. 집에서는 부모님을 모시는 동시에 자녀를 양육해야 하고, 직장에서는 누군가의 상사이면서 또 다른 누군가의 부하 직원이기도 하죠. 게다가 동호회 등 사회생활을 하면서 만난 수많은 사람과의 관계 속 역할도 있습니다. 그러니 마흔에는 자신의 역할을 살펴보고, 경계를 정해 두어야 합니다. 제 인생의 좌우명이 뭔 줄 아세요? '힘든 일은 남에게'입니다. 제 카카오톡 프로필 메시지이기도 해요. 어떤 분은 이걸 보고 직업이 타인을 돕는 상담심리사인데 어떻게 그런 말을 할 수 있냐고 질문하기도 합니다. 하지만 제 좌우명에 담긴 진심은 다른 사람이 할 일까지 내가 떠맡지 말자는 거예요. 저는 40대 중반에 이를 결심했습니다. 내 일이 아닌 일은 그 일을 해야 할 사람에게 맡기자는 것이죠. 이는 곧 나의 에너지 수준이 얼마큼인지를 정확히 파악해서 그 이상의 일은 거절할 줄 알아야 한다는 뜻이기도 합니다. 물론 누군가 도움을 요청한다면 힘이 닿는 데까지 도와주세요. 반대로 자신이 해야 할 일 중에 자신의 에너지 수준으로 감당하지 못하는 일이라면 다른 사람의 도움을 기꺼이 받고 그에 대한 감사를 표현하세요. 이처럼 내 능력을 넘어서는 일을 거절하는 힘과 누군가 도움을 요청할 때 기꺼이 도와주는 마음은 중요합니다. 나와 연결된 사람이 많다는 것을 뒤집어 생각하면 나에게 조언과 도움을 줄 수 있는 사람이 많다는 것을 의미하기도 합니다. 자신이 맡은 역할에 치여 살지 말고, 자신이 맺은 관계를 활용하여 도움을 주고받으며 살길 바랍니다.

마흔은 인생을 정리하기에 딱 좋은 나이기에 마음이 복잡하다면 인생을 정리해 보는 것도 좋습니다. 지난 시간을 되돌아보며 미래를 대비하는 겁니다. 마흔이 되면 건강, 돈, 성공을 비롯해 삶의 전반에 걸쳐 다양한 항목을 아우르는 나만의 기준이 생깁니다. 그 기준을 바탕으로 인생을 돌아보며 잘 살아왔는지 정리해 보는 것이죠. 인생 정리는 거창하게 시작하지 않아도 됩니다. 40대에 인생 정리를 잘하고 싶다면 일단 책상 정리부터 시작하세요. 집에서 쓰는 책상이든 사무실에서 쓰는 책상이든 상관없습니다. 신기하게도 책상 위만 깔끔하게 정리해도 마음가짐이 달라질 겁니다. 마치 내 인생의 일부가 정리된 듯한 느낌이 들면서 마음 자세가 반듯해지죠. 나를 짓누르던 삶의 무게가 조금 가벼워지는 것 같기도 합니다. 이처럼 작은 것부터 정리할 줄 알아야 인생 정리도 잘할 수 있습니다.

인생을 정리하기에 마흔이 제일 좋은 시기인 이유는 우리가 더 이상 스무 살의 옷을 걸칠 수 없기 때문입니다. 마흔은 청춘의 시간을 한 번 겪었습니다. 지금 내가 지니고 있는 몸도 나이가 들면서 다른 몸, 그러니까 나이 든 몸이 된다는 걸 경험으로 아는 나이란 말이죠. 동시에 지난 시간을 되돌아보고 미래를 대비할 지혜가 서서히 생기는 시기입니다. 어디 몸에 대한 통찰뿐이겠어요? 건강, 돈, 성공을 비롯해 삶 전반의 여러

항목을 아우르는 자기만의 눈과 기준을 갖게 되는 때가 마흔입니다. 이러한 마흔의 지혜를 잘 살려서, 유독 지치고 힘든 마흔을 잘 다독이기 바랍니다.

마음이 힘들다는 건
삶을 다시 한번 되돌아볼 시점이 되었다는 의미입니다.
인생의 중간 점검을 할 때가 됐다는 거죠.

3장

행동의 기술
― 더 늦기 전에 바꿔야 할 습관들

행복하고 싶다면 손가락부터 접어라

　　　　행복하게 사는 방법은 그리 어렵지 않습니다. 일단 다섯 손가락을 쫙 펴고, 지금 자신이 가진 것을 하나하나 세어 보세요. 집이나 차, 직장, 월급처럼 꼭 경제적인 것일 필요는 없습니다. '나에겐 친한 친구가 있어.', '나에겐 바가지를 긁지만 사랑스러운 아내 또는 남편이 있어.'라고 생각할 수도 있어요. 그렇게 내가 가진 것을 헤아리다 보면 어느새 다섯 손가락이 꽉 차고 열 손가락도 금방 넘어갈 겁니다. 그렇게 자신이 소유한 것을 다 세어 보았다면 지금껏 그것을 일구기 위해 노력한 스스로를 칭찬해 주세요. 자신이 가진 것들에 기뻐하고 감사하는 마음을 갖는 것도 잊지 마시고요.

상담받으러 온 분 중 어린 시절의 상실이나 부모로부터 얻은 박탈감이 심리적 고통의 원인인 경우가 많습니다. 이런 경우 상담 과정을 모두 거치고 나면 자신의 과거를 보는 관점이 바뀌어 있습니다. 불행했던 과거, 실패한 경험만을 떠올리며 부모 또는 환경을 탓하는 것이 아니라 지금껏 자기가 누려 온 것, 이룬 것들을 바라보며 자신을 자랑스럽고 기특하게 여기는 것이죠. 이를테면 '내 인생은 쓸모없어. 그게 다 내게 사랑을 주지 않은 부모 탓이야.'라고 생각했던 사람이 '내 삶에는 이런 부족함이 있었지만, 나는 그걸 잘 극복해 내서 지금 이 자리에 이르렀어. 내 안에 그만한 힘이 있었던 거야. 나도 그동안 참 고생이 많았겠구나. 여태껏 그걸 몰라줘서 미안해.'라며 자신의 과거를 긍정적으로 바라보게 되죠. 상담을 받으면 과거가 변하는 걸까요? 아니요, 지난 인생은 바꿀 수 없습니다. 이미 건너온 시간을 바꿀 수 없으니 마음가짐과 관점, 즉 해석의 창구를 바꿔야 합니다. 자신의 시각을 변화시키지 않고, 자신이 받은 수많은 상처의 기억을 되새김질하면서 '부모 때문에, 친구 때문에, 또 다른 누구 때문에 내 삶에 지우기 힘든 흔적을 남기게 됐어.'라고 말하는 사람이 참 많습니다. 백번 양보해서 자신을 불쌍히 여기는 마음도 좋습니다. 그러나 마흔에 이르렀는데도 삶이 눈물과 남 탓으로만 가득하다면 그것은 비극입니다. 울고만 있지 말고 나의 삶을 바라보는 시각을 변화시켜 더 나은 삶을 살 생각을 해야죠. 눈여겨볼 지점은 많이 잃은 다음에는 더 많이 얻게 된다는 겁니다. 가령 30대에 많을 걸 잃었다면 40대에는 잃은 것보다 더 많은 것을 얻을 수 있을 겁니다. 그 사실을 깨우친 사람은 50대, 60대, 70대로 이어지는 삶을 기대하게 되죠. 물론 다가올 어느 날에도 무언가를 잃게 되겠죠. 하지만 앞으로의 삶을 긍정의 렌즈를 통해 바라본다면 무언가를 잃는 것보다 잃은 후에 얻게 될 더 많은 것을 기대하게 됩니다. 저는 10대보다는 20대가, 20대보다는 30대가, 30대보다는 40대가 더 좋았습니다. 그리고 50대인 지금은 40대일 때보다 더 행복하죠. 전 지금의 제가 참 좋습니다. 몸은 좀 힘들어도 연륜이란 게 생겨서 마음에 여유가 있으니까요. 때로는 형편없게 느껴졌던 제 과거가 이제는 경험이라는 지혜가 되어 줍니다. 말은 잘 듣지 않아도 아프지 않고 건강히 잘 살고 있는 자식도 있고, 쪼글쪼글해진 얼굴을 정답게 쳐다볼 친구도 있죠. 이만하면 괜찮은 인생 아닌가요?

과거의 상처에 허덕이며 상실한 것들만 헤아리고 있을 때 "야, 넌 그래도 이걸 갖고 있고, 저걸 성취했어. 여기까지 잘 왔잖아."라고 말하는 친구가 주변에 한 명이라도 있다면 그건 '신의 목소리'라고 생각하셔야 합니다. '가진 것을 헤아려라.' 하고 알려 주는 목소리지요. 내가 가진 것으로 시선을 돌릴 때 행복을 향한 변화가 시작됩니다. 행복하고 싶다면 가진 것부터 헤아려 보세요.

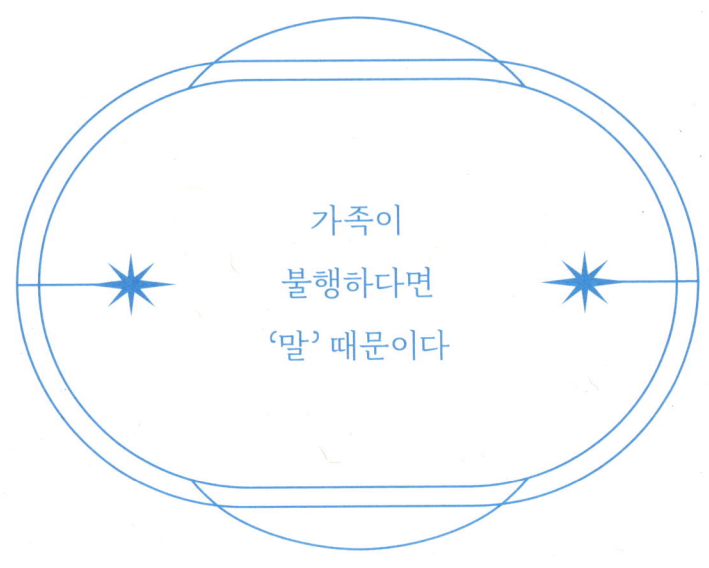

가족이
불행하다면
'말' 때문이다

　　　　　　소중한 사람에게 어떻게 말을 건
네며 대화를 이어 가야 할지 고민하는 분들 참 많죠? 특히 세
월이 흐를수록 인간관계가 좁아지니 지금 내 곁에 있는 가족,
친구와 더 돈독해지고 싶어 합니다. 그럴 땐 어떤 말을 해야 할
지 고민하기 전에 어떤 말을 하지 말아야 할지 먼저 고민해 보
세요. 일단 욕을 줄여야 합니다. 요즘 사람들은 술자리에서든
일상생활에서든 이래도 될까 싶을 정도로 욕을 많이 합니다.

여기저기서 욕을 많이 들으니 그만큼 욕을 많이 내뱉는 거겠죠. 제 주변에도 평소에는 번듯하고 쾌활한 사람인데 술자리만 가면 욕을 하는 친구가 있습니다. 언젠가 왜 그렇게 욕을 하냐고 물으니 술 마실 때만 스트레스도 풀 겸 재미로 하는 거라고 대답하더군요. 물론 욕이 친근함을 표현하는 수단이 될 수 있습니다. 때로는 마음에 담아 둔 부정적인 감정을 해소하는 도구가 될 수도 있죠. 하지만 욕을 한다는 것은 이유를 막론하고 교양 없는 행동입니다. 교양은 사람이라면 누구나 알아야 할 기본적 소양입니다. 욕을 하며 교양 없이 행동한다면 '저 사람은 저 나이가 되도록 교양을 배우지 못했구나.'라고 생각하기 쉽죠. 그러니 나이를 먹을수록 언행을 조심해야 합니다. 다른 이에게 존경받는 어른은 되지 못하더라도 손가락질받는 어른이 되는 것은 피하자는 겁니다. 어린 시절 상상했던 어른의 모습을 한번 떠올려 보세요. 멀끔한 옷차림과 언행에 품위가 있고 매너 있는 사람을 상상하지 않았던가요? 그리고 이번에는 지금 자신의 모습을 떠올려 보세요. 어린 시절 상상했던 어른의 모습과 얼마나 가까워졌나요? 자신의 모습을 타인의 시선에서 바라보고, 최소한의 교양을 지닌 채 타인을 대하기 위해 노력해 보세요. 저는 마흔이 넘어서도 욕을 하는 사람과는 거리를 둡니다. 물론 그들이 나를 싫어해서 욕을 하는 게 아님을 알고 있습니다. 비난의 의도가 아닌, 그 사람 나름의 친근함의 표현임을 알고 있어요. 하지만 애써 만나려 하지 않는 이유는 스스로의 삶을 진지하게 성찰한 적 없는 사람이라 생각하기 때문입니다. 욕을 하면 스트레스가 풀리고 친밀감이 높아진다고 생각할지 몰라도, 욕을 듣는 사람의 입장에서는 거부감을 느낄 수 있습니다. 50대인 제가 강의를 할 때 상스러운 욕을 섞어 가면서 이야기한다고 상상해 보세요. 대중들은 '이호선'이라는 사람을 어떻게 바라볼까요? 강의가 재미있는지, 유익한지에 대해 판단하기 전에 '저 사람 말투가 참 별로네.', '상스러워서 호감이 안 느껴지지 않네.'라고 생각할 겁니다. 인간관계도 마찬가지예요. 욕을 하는 순간, 사람들 마음속에는 내가 교양 없거나 나잇값을 못 하는 사람으로 인식될 수 있음을 기억하세요. 소중한 사람들을 오랫동안 곁에 두기 위해서는 '욕'으로 친밀감을 표현하는 대신 '친절하고 상냥한' 말로 마음을 표현해 보세요.

이는 친구나 지인뿐 아니라 가족 간의 대화에도 해당합니다. 행복하다고 말하는 가족의 가장 큰 특징은 서로 말조심을 한다는 겁니다. 많은 사람이 사회생활을 할 때는 교양 있게, 정중하게 상대방을 대하지만 가족에게는 그렇지 않습니다. 가족이 편하기도 하고, 내가 어떤 말이나 행동을 하든 나를 이해할 것이라 생각하기 때문이죠. 간혹 자식에게 차마 입에 담을 수 없는 욕을 하는 사람도 있습니다. 그래 놓고 자식이 잘 되기를, 효도하기를 바라는 건 어불성설이죠. 부모가 내뱉은 욕을 들은 아이는 얼마나 큰 상처를 받겠습니까. 아무리 편하고 가까운 사이일지라도, 농담일지라도 욕하지 마세요. 그 대신 상대에게 친절하고 예쁘게 말해 보세요. 일반적으로 가족 간에는 일상 대화 속에서 서로를 공격하는 '일상적 공격성'이 다른 관계보다 쉽게 발현됩니다. 이를테면 상대방이 특별히 잘못한 것이 없어도 자신의 기분이 나쁘다면 "에이, 당장 나가! 꼴도 보기 싫어!", "어휴, 진짜 짜증 나! 나만 보면 난리야!"라며 화를 내는 겁니다. 사람들이 일상적 공격성을 가족에게 거침없이 발휘하는 이유는 자신이 화를 냄으로써 관계가 조금 틀어질지라도 다시금 관계를 회복할 수 있다는 확신이 마음속에 깔려 있기 때문입니다. '우리는 가족이잖아. 내가 지금 말을 뾰족하게 해서 멀어지더라도 시간이 조금 지나면 언제 그랬냐는 듯 우린 괜찮아질 거야.' 하는 마음을 은연중에 갖고 있는 거죠. 하지만 마흔에 접어든 우리는 이제 압니다. 만일 모른다면 지금이라도 알아야 합니다. 소중한 사람과의 이별은 준비 없이 어느 날 갑작스레 다가올 수도 있다는 것을 말이죠. 그걸 알면 절대 가족에게 험한 말, 못된 말을 할 수 없습니다.

나아가 행복한 가족은 서로에게 요청하는 말을 하는 데 부담을 느끼거나 거부감을 느끼지 않습니다. 자신이 원하는 것이 있으면 편하게 요청하고, 상대방은 요청을 잘 수용하죠. 예를 들면 자녀가 부모에게 "공부하라는 말을 계속 들으면 스트레스 쌓이고 힘들어. 그러니까 공부하라는 말은 지금보다 덜 했으면 좋겠어."라고 말하면, 부모는 자녀의 마음을 읽어주고 공부와 성적에 대해 불필요한 언급을 줄이는 겁니다. 누구나 유난히 민감하게 반응하게 되는, 소위 '분노 버튼'이라 부르는 주제가 있죠. 그 분노 버튼을 누르지 않기 위해 서로 조심하는 겁니다. 그렇게 서로의 행복과 일상 속 평화를 지킬 수 있죠. 가족은 서로를 가장 오래, 자주 본 관계인 만큼 서로가 어떤 말에 상처를 받는지, 어떤 분노 버튼을 갖고 있는지 누구보다 잘 알고 있습니다. 그리고 서로의 '안심 버튼'이 무엇인지도 잘 알고 있죠. 서로의 '분노 버튼' 대신 '안심 버튼'을 눌러주세요. 내가 사랑하고 소중히 여기는 가족이 편안함을 느끼며 위로받을 수 있는 대화를 하는 겁니다. 불화가 끊이지 않는 가족, 불행한 가족은 상대의 분노 버튼을 아무 때나 누릅니다. 때로는 상대의 화를 돋우려고 일부러 누르기도 하죠. 결국 말싸움에서 끝나지 않고, 몸싸움으로 이어지는 경우도 있습니다. 가장 가까운 관계에서 알 수 있는 것들을 상대방에게 상처 주기 위해 사용하지 말고, 상대방을 위로하기 위해 사용하세요. 부디 소중한 가족에게 예쁘고 듣기 좋은 말을 많이 해 주세요. 자녀를 훈육하지 말라거나 가족 구성원의 잘못을 무조건 덮어 주라는 말이 아닙니다. 일반적으로 나누는 일상의 대화에서 가족에게 상처 입히는 말을 하지 말자는 거예요. 우리가 어디 가서 예쁘다는 말을 듣겠습니까? 우주의 먼지처럼 작고 보잘것없는 우리가 존재 자체만으로 융숭한 환대를 받는 최초의 공간이 가정입니다. 행복한 가족의 비밀은 따뜻한 말 한마디에 있다는 걸 꼭 기억하세요.

형제자매가
꼴 보기 싫을수록
열심히 응원해라

40대가 되면 형제자매와의 관계도 이전과 달라집니다. 어릴 때는 한집에 살면서 치고 박고 싸우기도 하고, 서로 의지하면서 '피붙이'라는 단어 뜻 그대로 붙어 지내던 사이였지만 각자 독립하면서 얼굴을 마주하는 일이 줄어드니 예전처럼 싸우지도, 예전만큼 돈독하지도 않죠. 하지만 따로 떨어져 산다고 해서 남이 되는 것은 아닙니다. 형제자매는 나와 가장 오랜 시간 함께했던 만큼 나를 누구보다 깊이 이해하고 격려해 줄 수 있는 사람입니다. 동시에 때로는 경쟁을 하며 시기와 질투를 느끼기도 하고, 때로는 보호자 역할을 하기도 하는 묘한 관계죠. 큰 병을 앓거나 사고를 겪지 않는 이상 연로한 부모님이 먼저 세상을 떠나기 때문에 형제자매는 부모님보다도 훨씬 긴 시간 동안 나와 같은 하늘 아래에서 살아갑니다. 한마디로 평생을 함께하는 것이죠. 문제는 이렇게 태어났을 때부터 죽을 때까지 이어지는 관계가 스쳐 지나가는 관계보다 어렵다는 겁니다. 부모님이 돌아가시고 유산 문제로 싸움이라도 나면 차라리 남남이 되는 게 낫다는 생각이 들 정도입니다. 사실 우리는 성장하는 과정에서 부모의 사랑, 경제적 지원, 성적, 외모 등 여러 자원을 두고 자기도 모르게 형제자매와 비교하면서 시기와 질투에 빠지기도 해요. 어떨 때는 부모가 대놓고 자녀를 비교하기도 하는데, 이 경우에는 어떤 평가를 받더라도 마음이 불편합니다. 나를 긍정적으로 평가하면 형제자매의 눈치가 보이고, 나를 부정적으로 평가하면 질투와 시기, 서러움이 몰려오죠. 어린 시절의 서러움과 결핍은 성인이 된 후에도 우리를 괴롭힙니다. 그러나 기억하세요. 우리는 더 이상 어린 아이가 아닙니다. 어린 시절 형제자매와의 비교로 마음의 어려움을 겪었더라도 그 시절에 끝없이 머무르며 슬퍼하거나 노여워하지 말길 바랍니다. 당신은 이제 어엿한 당신의 삶을 살고 있으니 형제자매를 향한 시기, 질투와 상처가 되었던 말은 마음 깊숙이 넣어 두세요.

그리고 아무리 내가 미워하는 형제자매라고 해도 그들의 삶이 망하기를, 제대로 풀리지 않기를 바라지 마세요. 이건 우리 자신을 위한 것입니다. 많은 사람이 어려움에 처하면 가장 먼저 찾는 관계가 부모나 형제자매와 같은 가족입니다. 그런데 그들이 어려움에 처한다면 내가 도움을 요청하며 기댈 수 있는 곳이 사라지는 겁니다. 나아가 내가 도와주어야 할 수도 있죠. 아무리 시기하고 질투하고 미워하는 형제자매일지라도 잘나가는 사람인 경우가 더 낫습니다. 그리고 형제자매가 미울지라도 그들의 자녀, 그러니까 조카까지 미워하지 마세요. 지난 시절에 대한 분노를 미움으로 대물림하는 순간, 형제자매의 자녀도 내 자녀를 미워하기 시작합니다. 우리 세대의 분노를 아래로 흘려보내는 거죠. 서로를 미워하는 게 어디 쉬운 일인가요? 가족 모임이 있을 때뿐 아니라 가족 모임 전후로 미운 사람을 떠올리느라 마음이 불편하다고 생각해 보세요. 그러다 보면 정말 가족 관계가 돌이킬 수 없을 만큼 어려워질 수 있습니다. 그러니 형제자매에 대한 미움은 적절히 털어 버리거나 당사자에 대한 미움에서 끝내세요.

지금까지는 형제자매 사이가 좋지 않은 경우에 대해 이야기했지만 그보다는 적당히 가깝고 적당히 먼 관계를 유지하는 경우가 더 많을 겁니다. 물론 형제자매 사이의 우애가 돈독해서 자주 왕래하고, 어려운 일이 있으면 두 팔 걷고 나서서 돕는 사람들도 있어요. 드물지만 보기만 해도 기분이 좋아지는 관계죠. 나와 형제자매가 그 정도로 가까운 관계가 아니라고 해도 크게 실망하거나 낙담할 필요는 없습니다. 만일 나와 형제자매가 적당히 가깝고 적당히 먼 관계라면 각자 자신의 인생을 살아가며 자기만의 가족을 꾸렸다고 단순하게 생각하세요. 그리고 형제자매의 삶을 이렇다 저렇다 판단하지 말고, 그의 삶 자체를 인정해 보세요. '우리는 그동안 각자 잘 커 왔고, 잘 살아가고 있구나.' 하는 겁니다. 형제자매는 수평적인 시선으로 서로를 바라보고, 부모님과 관련된 대소사와 서로의 경조사를 함께하는 사이만으로도 충분한 관계입니다. 부조금이나 축의금을 전해야 할 때는 다른 관계보다 조금 더 보태는 정도만 되어도 꽤 괜찮은 형제자매 사이라고 할 수 있죠.

　마지막으로 형제자매와 동업하지 마세요. 동업의 끝은 상호 멸망입니다. 서로 얼마나 편하고 마음이 잘 맞는지와 일을 함께하는 것은 별개의 문제입니다. 오히려 편하고 가까운 관계일수록 함께 일하는 것이 불편할 수 있고, 일로 인한 다툼이 감정을 상하게 하는 순간 관계도 망가질 수 있습니다. 게다가 각자 부양해야 할 가족이 있다면 사정이 더 복잡해집니다. 표면적으로는 혈육인 두 사람이 협업을 하는 것이지만, 사실 한 자락 들춰 보면 두 가족이 협업을 하는 셈이죠. 그러다 보니 서로의 이해관계가 다르고 마음을 맞추기가 쉽지 않습니다. 혹시 주변에 형제자매가 함께 사업을 하는데 일도 잘하고 관계까지 돈독하다면, 이 사람들은 뭐든 잘할 수 있는 사람들이라고 보면 됩니다.

매일 싸우다
정 떨어진 부부가
다시 신혼처럼 사는 법

　　　　　　　부부가 행복한 관계를 이어 가기
위해서는 '부부'라는 관계에 대한 이해가 먼저 필요합니다. 부
부가 무엇인지, 나와 상대방은 부부라는 관계에서 무엇을 얻
고 싶은지 이해해야 부부로서 함께 행복할 수 있는 방향을 찾
아갈 수 있습니다. 요즘 40대 부부는 이전 세대 부부와는 다
릅니다. 부부라는 이유로 서로의 영역을 침범하는 것이 아닌
각자의 영역을 존중합니다. 자기만의 세계를 명확하게 갖고

있는 거죠. 이를테면 요즘 40대 부부 중 많은 경우가 맞벌이를 하지만 서로 월급이 정확히 얼마인지 알고 있는 경우는 많지 않습니다. 한 사람이 생활비를 관리하며 다른 사람에게 용돈을 주는 형태로 재산을 관리하는 것이 익숙하던 과거와는 달리, 생활비를 갹출해서 공동으로 사용하고 남은 월급은 자신을 위해 쓰거나 따로 모으는 형태로 재산을 관리하는 경우가 많아지고 있어요. 자기 노동의 대가를 엄연한 자기 몫이라고 생각하는 겁니다. '효도는 셀프'라는 말도 같은 맥락에서 등장했다고 볼 수 있습니다. 부모님을 모시거나 가족 행사에 참여하는 일에 있어서 상대방에게 부담을 주지 말고, 내 가족 일은 내가 책임지자는 거죠. 이런 사고방식에서는 시부모와 관련된 가족 행사에 아내가 가지 않아도 별일이 아닌 것으로 여겨집니다. 반대로 남편도 처부모와 관련된 행사에 가지 않아도 됩니다. 그렇다고 해서 모든 가족 행사에 가지 않는 것은 아닙니다. 최소한의 도리는 지키는 선에서 부부끼리 '제사에는 가지 않되 생신은 챙겨 드리자.'와 같이 서로 암묵적이든 표면적이든 약속을 하고, 지키기 위해 노력합니다. 한마디로 '네가 한 만큼 나도 한다.'라는 생각으로 서로를 대합니다. 한 가지 예를 더 들어 볼까요? 이전 세대는 결혼할 때 '남자는 집, 여자는 혼수'가 공식이었지만, 요즘 40대 부부 중에는 집도 반씩, 혼수도 반씩 부담해 마련하는 '반반 결혼'을 하는 경우도 많습니다. 각자 역할을 나누기보다 동등한 관계에서 서로의 영역을 인정하고 존중하며 함께 나아가길 원하는 겁니다. 물론 결혼을 하면 서로의 가족을 함께 챙기고, 가족을 위해 희생하는 것이 당연했던 이전 세대의 생각은 조금 다를지도 모릅니다. 하지만 지금은 사람들의 사고방식이 달라지고 있습니다. 그러니 이전 세대의 결혼을 떠올리며 상대방의 영역을 침범하면 행복한 부부 관계를 이어 가기 어려워요. 행복한 부부 관계를 이어 가고 싶다면 상대방과 함께 결혼과 부부 관계에 대해 어떤 기준과 신념을 가지고 있는지 터놓고 이야기하며 합의점을 찾아보아야 합니다.

부부 관계를 이해하기 위해서는 요즘 40대가 지닌 완벽주의 성향 또한 고려해야 합니다. 예전에는 결혼식을 올리고 얼마 지나지 않아서 혼인 신고를 하는 경우가 많았는데 요즘은 결혼식을 올린 뒤에도 혼인 신고를 하지 않는 경우가 많습니다. 아이를 낳고 나서 혼인 신고를 하는 경우도 적지 않은 데다 결혼하기 전에 동거를 먼저 하는 사람들도 많아지고 있죠. 평생을 함께해야 하는 만큼 배우자를 신중하게 결정하겠다는 겁니다. 이런 현상을 두고 무조건 냉정하다거나 계산적이라고 치부할 순 없어요. 그 기저에 깔린 심리를 이해해야 합니다. 이제 막 마흔에 접어든 이들은 M세대의 포문을 연 세대로, 실패를 두려워한다는 특징이 있습니다. 사회적 압력이 큰 환경에서 성장하며 다른 사람과의 비교 속에서 '남들보다 잘 살아야 해.', '손해 보지 말아야 해.' 하는 완벽주의 성향이 강해졌기 때문입니다. 이렇다 보니 M세대는 수많은 선택지 중에서 위험 부담이 적은 선택지를 찾습니다. 이러한 요즘 40대의 특성을 이해하고, 나와 상대방이 부부 관계를 통해 무엇을 원하는지 이해하는 것이 40대에 배우자와 함께 잘 살아가기 위한 첫걸음입니다.

마흔을 맞이한 부부가 잘 지낼 수 있는 실질적인 방법을 세 가지 말씀드리려 합니다. 먼저 각자의 사생활을 존중해야 합니다. 요즘 40대는 자기 자신이 무엇보다 중요합니다. 배우자라는 이유만으로 상대방의 사생활을 함부로 침해하지 말아야 합니다. 상대방의 휴대폰을 몰래 보거나, 상대방에게 온

우편물을 뜯어보는 등 사생활을 침해하는 행동은 하지 마세요. 그리고 혼자 있는 시간을 존중해 주세요. 결혼하면 함께하는 시간이 전보다 많아지니 돈독해질 수도 있지만, 서로에 대한 적절한 거리감을 유지하는 것이 힘들어지면서 다투거나 짜증을 내는 순간이 잦아질 수도 있습니다. 그러니 각자의 일상생활을 유지하면서 적당한 취미 생활을 하거나 친구를 만나는 일에 제약을 두지 마세요. 서로의 삶을 존중해 주는 겁니다.

두 번째로 배우자를 위한 이벤트를 준비하세요. 연애를 시작하면 설레는 마음으로 작은 일에도 의미를 부여하며 꽃을 사다 주고, 평범한 날도 특별한 데이트를 하며 기념일로 만드는 등 다양한 이벤트를 합니다. 하지만 연애 기간이 길어지고, 결혼을 하게 되면 깜짝 놀랄 선물을 준비하거나 특별한 데이트를 하는 날이 점차 잦아듭니다. 결혼기념일이나 생일을 잊고 지나가는 경우도 있죠. 함께한 시간이 길어지고, 서로가 편해질수록 기념일을 챙기기 위해 노력해 보세요. 부부 상담을 하다 보면 이벤트를 소홀히 해서 이혼하겠다는 분이 생각보다 상당히 많습니다. 이는 단순히 기념일을 안 챙겨서 그렇다기보다 관계의 공평성이 무너졌다고 느끼기 때문입니다. 이를테면 '너는 부모님 생신은 다 챙기면서 정작 같이 사는 나는 왜 안 챙기느냐.', '나는 너희 부모님을 그렇게나 신경 썼는데, 너는 왜 우리 부모님한테 무신경하냐.' 하는 거죠. 나이 든 윗세대 입장에서는 '이벤트 타령'이 낭비나 호사스러운 행위로 보일 수 있습니다. 하지만 사랑의 본질은 낭비와 사치예요. 내가 가진 것들을 모두 주고 싶고, 함께 맛있는 음식을 먹고, 행복한 시간을 보내고 싶은 게 사랑이죠. 그래서 사랑하는 사람에게 자신의 사랑을 보여 주고 싶어 하고, 상대의 사랑을 확인하고 싶어 하는 겁니다. 애정 표현과 선물, 이벤트 등을 통해 보여 주는 잉여의 마음을 누리고 싶은 거죠. 마흔에 접어든 부부는 상대를 향한 마음이 아직 식지 않았음을 보여 주는 게 정말 중요합니다. 연예계의 대표 잉꼬부부로 손꼽히는 최수종 씨와 하희라 씨의 모습을 떠올려 보세요. 최수종 씨는 다채로운 이벤트를 기획하는 사랑꾼입니다. 지금은 60대인 최수종 씨가 지금보다 젊었을 때, 하희라 씨를 위해 준비했던 이벤트에 대해 사람들은 '남우세스럽다.', '낯간지럽다.'라고 말했습니다. 당시에는 보기 드문 남편의 모습이었기에 익숙하지 않았죠.

하지만 시대가 바뀌면서 부부가 사랑을 표현하고 서로를 아끼는 모습은 많은 사람이 원하는 가정의 모습이 되었습니다. 상대방을 아끼고 사랑하는 마음을 자주 표현하세요. 처음에는 쑥스럽고, 어떤 이벤트를 어떻게 준비해야 할지 막막할 겁니다. 하지만 화이트 데이, 밸런타인데이 등 각종 기념일을 시작으로 작은 것들에 의미를 부여해 보세요. 평범한 하루도 어떤 의미를 부여하느냐에 따라서 기념일이 될 수도 있습니다. 평범하게 느껴지던 하루를 기념일로 바꾸며 매일 기대되고 설레는 날을 살면 그게 행복 아니겠습니까? 만약 기념일을 챙기고 이벤트를 하는 일이 어색하게 느껴진다면 부부만의 기념일을 위해 적금을 드는 것도 좋은 방법이에요. 그렇게까지 해야 하나 싶고, 돈을 아껴서 다른 데 쓰는 게 낫지 않느냐는 생각이 들 수 있습니다. 하지만 부부 관계가 틀어져서 이혼 소송까지 가게 되면 헤어지는 데도 돈이 듭니다. 하물며 내 남편, 내 아내 기분을 북돋워 주고, 함께 행복하자고 돈 모으는 게 뭐가 이상합니까?

마지막으로 상대의 속도를 있는 그대로 존중해 주세요. 나만의 속도를 강요하지 마세요. 예를 들어 아내가 남편에게 분리수거를 해 달라고 부탁했을 때, 남편이 알겠다고 대답하고는 분리수거를 하러 나가기는커녕 자리에 앉아 하던 일을 계속하면 짜증이 날 수 있습니다. "분리수거 먼저 빨리빨리 하면 안 돼?" 하고 큰소리를 내기도 하죠. 아내 입장에서는 남편이 답답할지도 모르지만, 남편 입장에서는 아내의 독촉이 불편하게 느껴질 수 있습니다. 남편은 분리수거를 지금 당장 해야 할 일이 아닌, 내일 새벽 출근하는 길에 겸사겸사 해도 되는 일이라고 생각할 수 있죠. 이처럼 같은 일을 대할 때도 서로의 생각이 다르면 상대방의 행동이 답답하거나 불편하게 느껴질 수 있습니다. 하지만 서로 대화를 조금만 더 나눴거나 상대방이 어떤 성격의 사람인지 이해했다면 불편한 마음이 진정되고 큰소리가 오가는 일은 없었을 겁니다. 요즘은 늦게 결혼하는 분들이 많아서 40대 부부라고 해도 함께 산 세월이 길지 않은 경우가 많아요. 서로를 이해할 시간이 부족한 거죠. 그럴수록 배우자의 인생 속도를 잘 파악하려고 애써야 합니다. 속도가 빠른 사람은 느린 사람을 위해 조금 느긋한 마음을 먹을 줄 알아야 하고, 속도가 느린 사람은 조금 더 부지런을 떨며 상대의 빠른 속도에 최선을 다해 맞춰 보는 겁니다. 그렇게 두 사람이 함께 접점을 찾기 위해 노력할 때 부부만의 적정 속도를 찾을 수 있습니다. 속도 조절만 잘해도 부부의 일상이 훨씬 평화로워질 거예요.

평생을 다르게 살아온 두 사람이 서로를 좋아하고 함께 살기로 마음먹는 것부터, 함께 살며 하나씩 맞춰 가는 것까지 쉬운 일이 하나도 없죠? 때로는 함께 살기를 잘 했다고 박수를 치는 날도 있을 테지만, 때로는 결혼을 괜히 했다는 생각으로 땅을 치는 날도 있을 겁니다. 내가 가장 사랑하고 가장 소중히 여기는 사람과의 시간을 행복하게 보내고 싶다면 후회보다는 기쁨이 가득한 날을 만들기 위해 노력해 보세요. 사랑하는 사람의 영역을 존중하고, 함께 웃을 수 있는 작은 이벤트를 준비하고, 서로의 속도를 맞춰 가며 행복한 부부 관계를 이어 가길 바랍니다.

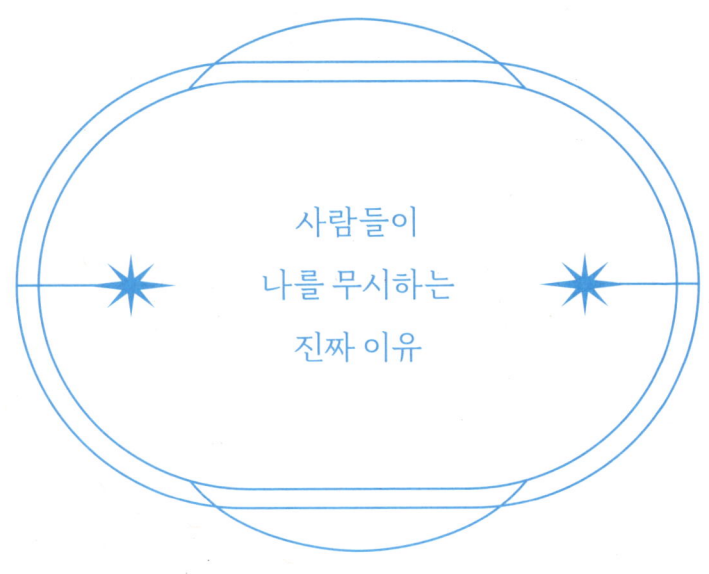

사람들이
나를 무시하는
진짜 이유

　　　　　　　　　　나이 든 이후 사람들에게 존경받으며 극진한 대우를 받는 사람이 있는 반면, 극진한 대우를 받는 것은 고사하고 무시당하거나 환영받지 못하는 사람도 있습니다. 사람이 사람을 무시하고 기본적인 예의를 차리지 않는 것은 문제가 됩니다만, 자꾸만 그런 일이 반복된다면 자신과 상황을 돌아보며 문제를 찾아야 합니다. 그리고 문제를 차근차근 개선해 나가기 시작할 때, 나를 무시하던 사람들이 나를 존경하게 만들 수는 없더라도 기본적인 예의에서 벗어난 무시를 당하는 일은 줄어들 겁니다. 나이 들수록 존중받지 못하는 사람은 크게 두 종류로 나뉩니다. 존중받을 행동을 하지 않는 사람과 열심히 노력함에도 불구하고 존중받지 못하는 사람이 있어요. 그중 존중받을 행동을 하지 않는 사람은 경박한 사람, 타인에게 상처를 주는 사람, 스스로를 존중하지 않는 사람으로 나눌 수 있습니다. 경박한 사람은 '안에서 새는 바가지 밖에서도 샌다.'라는 말로 설명할 수 있습니다. 말과 행동이 가볍거나 거칠고 모범적이지 않아서 내면이 텅 비어 있는 듯한 인상을 주는 사람입니다. 욕, 거짓말을 입에 달고 살거나 약속을 제대로 지키지 않기도 하죠. 어릴 때는 주변에서 '나이가 들면 나아지겠지.' 하고 믿어 주고, 봐주며 넘어가기도 합니다. 하지만 마흔이 넘어서도 욕이나 거짓말을 자주 한다면 다들 체념하고 돌아서게 되죠. 기대도 믿음도 없이 싸늘하게 바라볼 뿐입니다.

타인에게 상처를 주는 사람도 나이 들수록 존중받지 못합니다. 여러 사람 앞에서 특정인을 지목해 공개적으로 저격하는 발언을 하거나, 열심히 하는 사람에게 기운 빠지는 말을 던지면 누가 존경하며 존중해 주고 싶을까요? 모욕감, 수치심, 의욕 상실을 유발하는 사람이라면 그 사람의 타깃이 내가 아니더라도 멀리하고 싶은 게 인지상정입니다. 언젠가 그 사람의 타깃이 내가 될 수도 있기 때문이죠. 마흔 정도에 접어들면 직급이나 사회적 지위가 20대, 30대 시절보다 높아지는데 그럴수록 말과 행동을 조심하세요. 나이가 어리거나 직급이 낮을 때는 웃어른, 상사들 사이에서 눈치를 보며 말과 행동을 조심하죠. 하지만 나이를 먹고 지위가 높아지면 태도가 달라지는 사람이 있습니다. 이전에는 자기 안에 고인 부정적인 말과 행동을 의식적으로 신경 썼지만, 나이가 들고 경험이 쌓이고 눈치 볼 사람이 적어지면서 무신경해지는 겁니다. 그렇게 벌어진 틈새로 잘 숨겨 두었던 속마음이 흘러나오기 시작합니다. 내가 무심하게 내뱉은 마음속 이야기가 상대방에게 상처가 될 수 있다는 걸 기억하세요. 다른 사람을 향한 비난의 혀가 날름대기 전에 그 혀를 살짝 깨무셔야 합니다.

  자신이 대단한 사람이라 믿으며 쉽게 말하고 행동하는 사람이 있는 반면 이상하리만치 자기 자신을 낮추는 사람도 있습니다. 스스로를 존중하지 못해서 남에게 존중받지 못하는 사람은 안타깝게 느껴지기도 하죠. 자신을 과도하게 낮추는 것은 겸손한 것이 아닙니다. 겸손한 것은 남을 존중하면서도 자신을 내세우지 않는 것일 뿐 자신을 낮추는 것이 아닙니다. 내가 나를 낮은 사람으로 대하면 다른 사람은 나를 우습게 봅니다. 하찮게 대해도 별말 하지 않는 사람, 속없는 사람이라고 판단하는 거죠. 미국의 유명한 작가이자 사제였던 헨리 나우웬은 자신이 아무리 형편없고 바보같이 느껴지더라도 스스로를 환대해야 한다고 말했습니다. 다른 누구도 아닌 내가 먼저 스스로를 예쁘게 바라봐 주고, 사랑해 주고, 귀하게 여겨야 다른 사람도 나를 예뻐하고, 사랑하고, 귀하게 대합니다. 당당하게 자신의 의견을 말하고, 자신이 공격받을 때는 스스로를 보호할 줄 아는 사람에게 함부로 대하는 것은 쉽지 않습니다. 그런 사람은 스스로를 귀하고 소중한 사람으로 여기며 자신에 대한 확신을 가지고 있죠. 내가 나를 평가하는 기준이 다른 사람이 나를 평가하는 기준으로 작용할 수 있다는 것을 기억하세요.

존중받을 행동을 하지 않는 사람이 존중받지 못하는 건 일종의 인과응보라고 이해할 수 있습니다. 하지만 존중받을 행동을 했음에도 존중받지 못한다는 것은 쉽게 이해할 수 없는 일입니다. 노력은 노력대로 하는데 왜 노력의 대가를 얻지 못하는 걸까요? 존중받을 행동을 하지만 존중받지 못하는 사람의 대표적인 경우가 자기 복을 자기가 차 버리는 사람입니다. 남을 돕거나 칭찬받을 만한 일을 하고도 미움을 받는 사람이죠. 예를 들어 회사에서 모두가 하기 싫어하는 일을 한 사람이 나서서 처리했다고 생각해 봅시다. 다른 사람들은 그 사람에게 고마운 감정과 함께 대단한 사람이라고 생각할 겁니다. 하지만 그 사람이 '내가 그렇게 애쓸 동안 너희들은 뭘 했냐.', '함께 도와주는 사람이 없어서 진짜 힘들었다.' 하고 다른 사람을 비난하는 말을 덧붙인다면 사람들은 어떤 생각을 할까요? 많은 일을 혼자 처리하느라 수고했다고 고마워할까요? 아니요, '그러게 그걸 누가 너 혼자 다 하라고 등 떠밀었느냐.', '그런 말 할 거면 애초에 시작하질 말던가.'라고 대꾸할 겁니다. 다들 하기 싫어하던 일을 스스로 도맡아 열심히 해냈다면, 시간이 조금 걸리더라도 고생과 노력을 알아주고 고마워하는 사람이 적어도 한 명은 있습니다. 그런데 자신이 한 일을 사람들이 몰라주는 잠깐을 참지 못해 입방정을 떨면 고마운 사람이 아닌 불편한 사람이 되어 버립니다. 자기가 쌓은 복을 제 손으로 뒤집어엎는 격이죠. 이는 인내심이 부족한 결과이기도 해요. 비슷한 예로 남을 비난하거나 기분을 상하게 하지는 않지만 시도 때도 없이 자기 자랑을 늘어놓는 사람도 좋은 대접을 받긴 힘듭니다. 한두 번이라야 애교처럼 봐 주고 넘어간다지만, 몇 번이고 그런다고 생각해 보세요. 볼썽사납죠. '그래, 너 잘났다. 잘 먹고 잘 살아라.' 하는 말이 절로 나옵니다. 그러니 마흔 정도 되면 입을 꾹 닫고 기다릴 줄 아는 미덕이 필요합니다. 자기 자랑도 남의 험담도 다 스스로 살을 깎아 먹는 말들입니다.

좋은 일을 하고도 욕을 먹거나 존중받지 못하는 사람은 또 있습니다. 이는 마음이나 태도가 아닌 능력 문제입니다. 말 그대로 '제대로 못해서' 욕먹는 사람이죠. 도움이 되기 위해 일을 맡아서 했지만 결과물이 좋지 않고, 오히려 다른 사람이 수습하면서 시간이 더 걸린다고 생각해 보세요. 차라리 안 하느니만 못한 상황을 만드는 사람을 누가 좋아하겠습니까? 물론 고마운 마음이 드는 것은 당연하고, 잘 해내서 도움이 되고 싶은 마음을 모르지 않으니 대놓고 미워할 수는 없는 유형입니다. 하지만 이런 일이 반복된다고 생각하면 마냥 좋아하는 것이 쉽지 않습니다. 그러니 어떤 일을 맡았을 때 자신이 할 수 있는지, 누군가 수습하기 위해 시간을 쏟아야 하는 상황이 생기지는 않을지 살펴보는 게 좋습니다. 특히 40대에 접어들면 내가 일을 잘 해낼 것이라고 주변에서 기대하는 경우가 많습니다. 살아온 시간만큼 경험과 지식이 쌓였을 것이라 생각하죠. 실제로도 자신이 속한 분야에서 어느 정도의 전문성을 갖춘 나이기도 합니다. 그럴 때일수록 책임감을 갖고 직업인 혹은 생활인으로서 일정 수준의 능력을 갖춰야 합니다. 자신의 능력을 믿으며 현재에 안주하지 말고, 자신이 할 줄 아는 것을 구분하고 스스로를 성장시키기 위해 노력하세요.

나이 들어 존중받는 방법은 간단합니다. 자기 수양이 잘 된 인격자인 동시에 직업인으로든 생활인으로든 잘하는 게 있으면 됩니다. 이런 이야기를 하면 "어휴, 선생님. 저는 제가 뭘 잘하는지 모르겠어요. 아무 능력도 없는 것 같아요. 빈손이에요, 빈손." 하고 신세를 한탄하는 사람이 있습니다. 그럴 때면 손사래를 치며 절대 그렇지 않다고 맞받아치죠. 여러분이 큰 무리 없이 자신의 삶을 꾸릴 수 있는 마흔에 접어든 것은 그동안 자신의 삶을 성실하게 가꿨기 때문입니다. 직장에서든 가정에서든 주어진 역할을 해내기 위해 애쓴 덕분이죠. 적절한 성실성, 적절한 대인 관계 능력, 적절한 자기 돌봄 등을 골고루 해냈기에 여기까지 온 겁니다. 그러니 자신이 충분히 존중받을 만한 사람이라는 믿음을 가지고 스스로를 귀하게 대해 주세요. 물론 나를 귀하게 대하는 만큼 다른 사람을 귀히 여기는 마음도 잊지 마시고요.

밥 굶고 밤 새우면서
행복하길
바라지 마라

 마흔에 접어들면 살아온 날들이 제법 되다 보니 직장에서든 가정에서든 내가 일구어 놓은 것이 적지 않습니다. 게다가 그간 맺은 사회적 관계도 쌓이면서 챙겨야 할 것들이 늘어나죠. 그런데 '가지 많은 나무에 바람 잘 날 없다.'라는 속담처럼 내 시간과 체력을 들여 챙겨야 하는 것이 많아지면 속 편할 날이 드물어집니다. 특히 40대면 직장에서는 부하 직원의 사수이자, 상사를 보조하는 역할을 해야 하고, 가정에서는 연로한 부모님을 모시는 동시에 성장기인 자녀를 돌보면서 어딜 가든 모두가 나만 찾는 상황이 벌어집니다. 문제 상황이 생기면 해결사로 나서야 되는 순간이 쉴 틈 없이 이어지는 거죠. 계속해서 무언가를 결정하거나 문제 상황을 해결해야 하는 상황이 반복되면 스트레스도 굉장히 많이 쌓입니다. 게다가 문제 상황이 늘 우아한 방식으로만 풀리지는 않으니 참을 수 없는 화가 치밀어 오르거나, 문제를 일으킨 사람에 대한 적개심이 불쑥 고개를 드는 상황도 생기기 마련이죠. 마흔이면 피 끓는 이팔청춘까지는 아니어도 아직 기운이 왕성할 때라 여차해서 소위 '뚜껑이 제대로 열리는' 날엔 입에서 욕이 나오거나, 심각한 경우에는 주먹다짐을 하게 될 때도 있습니다. 그런데 아무리 속이 들끓고 내 안의 분노가 아우성을 쳐도 험하게 싸우지 마세요. 아우성치는 분노를 잠재우는 것은 품위를 지키기 위함도 맞지만 궁극적으로는 안전을 지키기 위함입니다. 주먹다짐을 하는 순간 나도 상대방을 때리지만, 상대방도 나를 때릴 수 있습니다. 게다가 서로의 감정이 극에 달해 있기에 상황 판단도 잘 되지 않고, 일이 순식간에 벌어지기에 미처 피할 틈도 없이 크게 다칠 수도 있습니다.

싸움을 잘하고 못하고를 떠나서 주먹다짐을 한다는 것은 나를 위험한 상황에 밀어 넣는 것과 똑같아요. 게다가 순간의 분노를 참지 못하고 거칠게 싸움에 뛰어들고 나면 인생이 아주 골치 아파질 수 있어요. 그럴 의도가 없었는데 싸우다 보니 다른 사람에게 해를 입힌 상황이 생겼다고 가정해 봅시다. 상대방이 합의를 해 주지 않으면 민사든 형사든 지난한 법정 싸움이 되어 버려요. 그리고 법률적 송사는 결코 짧은 시간 안에 해결되지 않습니다. 그 과정에서 돈은 돈대로 나가고 감정적으로도 소진되죠. 그러니 내 안의 공격성이 겉으로 발현되지 않도록 조심해야 해요. 40대에 접어들었다면 자신을 위해서, 그리고 소중한 관계와 책임을 생각하며 조심해야 합니다. 그러지 않으면 정말 추한 싸움에 얽혀 버립니다.

행복하고 싶다면 성급하게 절망하지 마세요. 우리나라가 세계적으로 1등인 분야가 참 많은데, 그중에는 긍정적인 것도 있지만 부정적인 것도 있습니다. 부정적인 것 중 대표적인 게 자살률이에요. 우리나라의 자살률은 2003년부터 줄곧 1위를 차지하고 있습니다. 특히 지금의 40대가 청소년이던 시절에 우리나라 청소년 자살률이 세계 1위를 차지하기도 했습니다.

이것이 의미하는 바가 무엇일까요? 저는 M 세대가 후천적으로 빠르게 절망하게 된 세대라고 생각합니다. 10대 시절, 외환 위기를 겪으면서 가세가 기우는 경험을 한 사람들이 적지 않은 와중에 신자유주의적 경쟁이 본격화됐어요. 학교 성적이든, 일자리든, 인간관계든 삶의 많은 부분에서 쟁탈전이 벌어졌습니다. 이렇게 일상을 위협하는 위기가 많으면 사람은 취약해집니다. 작은 사건 사고만 벌어져도 모든 게 다 끝났다고 생각해 버리죠. 하지만 나에게 어떤 불미스러운 일이 생겼을지라도 인생의 긴 여정을 봤을 때 그것은 언젠가 지나가는 사건이 되고 만다는 사실을 반드시 기억해야 합니다. 그러니 어려움에 처했다면 홀로 절망 속에서 끙끙대지 마세요. 대신 내가 가진 자원을 최대한 활용해 무너질 것 같은 삶을 일으킬 준비를 해야 합니다. 하늘이 무너져도 솟아날 구멍은 있다는 말처럼 모든 문제에는 상황을 해결할 수 있는 실마리가 작게나마 있을 겁니다. 그러니 성급하게 절망에 빠져서 삶을 포기하지 마세요.

절망적인 상황에 처한 마흔이라면 밥을 잘 챙겨 먹고, 잠을 푹 자세요. 입맛이 없더라도 애써서 밥 한술 뜨고, 잠이 오지 않더라도 잠자리에 누우세요. 정서적으로 힘이 들수록 식욕, 수면욕처럼 생존과 관련된 기초적인 욕구를 챙기는 것이 중요합니다. 그래야 신체적 에너지가 생기면서 마음에도 힘이 생깁니다. 신체적, 정신적 에너지를 회복했다면 절망적인 상황을 털어놓을 수 있는 사람을 만나 조언을 들어 보세요. 현실적인 조언을 얻지 못하더라도 이야기를 털어놓는 것만으로도 마음이 조금은 치유가 될 겁니다. 절대 혼자서 모든 아픔과 힘듦을 끌어안지 말고 반드시 다른 사람에게 털어놓고 의논하세요. 나를 지탱해 줄 수 있는 이들에게 심정적으로 의지하며 이겨 내는 겁니다. 물론 내가 도움을 요청했을 때 거절하는 사람이 있을 수도 있습니다. 그래도 포기하지 말고 사람들을 찾아다니며 문을 계속 두드리세요. 내가 포기하지만 않는다면 예상하지 못한 순간에 의외의 사람이 천사처럼 나타나 용기를 북돋워 주고 나를 일으켜 세워 줄 겁니다. 도움을 청하는 것은 부끄러운 일이 아닌 용기 있는 일입니다. 무엇보다 가족을 생각하세요. 내가 절망에 빠져 성급하고 안타까운 선택을 하는 것은 남은 가족에게도 영향을 미칩니다. 가족을 위해서라도 살아야 해요.

인생을 산다는 건 녹록지 않은 과업입니다. 40년 이상 살았지만 여전히 결코 쉽지 않죠. 놀라운 사실은 정말 죽을 것 같은 위태로운 순간에 자신의 삶을 포기하지 않는다면 조력자가 나타난다는 겁니다. 시간이 나를 도울 수도 있고, '귀인'이라 부를 만한 누군가가 나를 도울 수도 있습니다. 그것도 아니면 사회의 시스템이 나를 도와줄 겁니다. 그렇게 한 고비를 넘고 나서 뒤를 돌아보면, 당시의 수치심과 죄책감, 죽고 싶었던 마음은 모두 흐릿해집니다. 신이 인간에게 준 것은 생명만이 아닙니다. 망각의 능력도 함께 주었죠. 삶에서 기쁘고 행복한 순간은 찰나이고 대체로 고통스럽기 마련이지만, 그 삶을 인간이 헤쳐 나갈 수 있도록 고통을 잊을 수 있는 능력을 준 것입니다. 과거에 대한 후회와 실망, 고통스러운 기억을 붙잡아 두지 마세요. 잊히도록 내버려두면 어떤 기억이든 서서히 흐릿해지고, 우리는 결국 편안해질 겁니다.

마흔은 '나'라는 나무의 가지가 왕성하게 뻗어 나가는 시절입니다. 그만큼 바람에 흔들리는 잎사귀들도 많은 때죠. 하지만 온갖 비바람과 뜨거운 햇볕을 모두 잘 감당하고 나면 그 가지 끝에는 보기에도 좋고 맛도 달콤한 열매가 맺힙니다. 그러니 외부의 풍파에도 내 몸을 아끼고 사리며 끝내 그 어려움들을 돌파하세요. 끝까지 잘 살아남은 사람만이 나의 마흔을 '그 또한 다 지나갔구나.' 하며 편안한 마음으로 되돌아볼 수 있을 테니까요.

내가 가진 것으로 시선을 돌릴 때

행복을 향한 변화가 시작됩니다.

행복하고 싶다면 가진 것부터 헤아려 보세요.

4장

관계의 기술

— 사람 때문에 웃고, 사람 때문에 무너진다

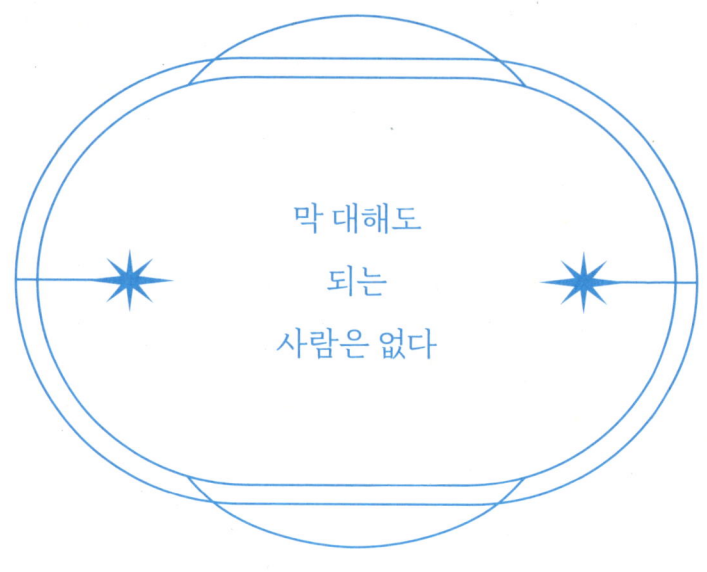

막 대해도
되는
사람은 없다

 우리는 마음이 지치고 몸이 피곤할 때면 '집'을 떠올립니다. 언제든 내 편이 되어 나를 응원해주는 사람들이 있고 내가 좋아하는 것들로 가득 채운 공간으로 숨어 버리고 싶을 때가 있죠. 특히 체력이나 건강이 예전 같지 않아 운동을 해야 한다는 생각을 자주 하게 되고, 사회의 어려운 지점을 통과하기 시작하는 마흔에는 '집'과 '가족'의 역할이 점차 커지기 시작합니다. 몸도 마음도 상황도 내 마음

같지 않으니 불안하고 막막해지는 시기에 나를 붙잡아 주는 존재가 바로 가족이기 때문입니다. 그런데 마흔이 되면 부모님을 포함해 유년기와 학창 시절을 함께했던 원가족, 배우자와 자녀를 포함해 앞으로의 삶을 함께 꾸려 갈 현 가족으로 나뉘죠. 어느 가족이 더 좋다고 선택할 수 없을 만큼 소중한 가족이지만, 원가족이건 현 가족이건 어느 곳이나 천국과 지옥은 존재합니다. 그리고 가족과 함께하는 시간이 천국이 될지 지옥이 될지는 우리가 선택할 수 있는 문제입니다. 나이 들다 보면 왜 어떤 가족은 서로에게 천국이 되어 주는데 어떤 가족은 서로에게 지옥이 되는 것인지 고민하게 됩니다. 특히 '다른 가족은 천국인데 왜 우리 집만 지옥일까?' 하는 생각에 빠지면 가족을 떠올리기만 해도 머리가 아프죠. 40대에는 누군가의 자식으로, 배우자로, 부모로 살아가며 가족의 얼굴을 자세히 들여다보게 됩니다. 부모님은 아직 건강하고, 배우자는 나와 함께 나이 들고 있고, 자식은 아직 어리지요. 다양한 가족 구성원과 쌓아 온 역사를 떠올리면 실질적으로 살아온 시간은 40년이지만 체감상 500년은 산 기분입니다. 그만큼 가족 관계에는 다양한 사건 사고와 이해관계가 얽혀 있죠. 가족 관계를 천국으로 만들지는 못하더라도 함께 웃으며 밥을 먹고, 일상을 나눌 수 있는 관계가 되고 싶다면 지금부터라도 관계 회복을 위해 노력해야 합니다. 그간의 정과 함께했던 시간들 때문에 관계를 끝낼 수도 없고, 이미 꼬여 버린 관계를 풀기는 까다롭고, 남은 생애를 함께해야 한다는 부담감에 이러지도 저러지도 못하고 있나요? 그럼 지금부터 가족과 친밀한 사람들의 특징을 살펴보며 앞으로의 방향성을 살펴봅시다.

가족 구성원끼리 친밀한 관계를 유지하는 가족에게는 몇 가지 전제와 특징이 있습니다. 먼저, 가족과 친밀하면서도 가족에 대한 부담감이 적은, 건강한 가족 관계를 유지하는 사람들은 '따로 또 같이'라는 신조를 지닙니다. 함께 지내고 있더라도 서로를 독립적인 성인이자 개인으로 대하는 것이죠. 이를 통해 분리와 연결의 균형이 잘 잡혀 심리적, 물리적 균형을 유지할 수 있습니다. 제가 상담을 했던 A 씨의 가족은 요즘 보기 드문 대가족 형태였습니다. 세 명의 이모, 조부모님과 함께 살았죠. A 씨는 이모들과 조부모님의 은혜와 사랑을 넘칠 만큼 받았지만, 가족의 기대주이자 상담소 역할을 하며 모든 가족 행사에 빠질 수 없는 처지였기에 억울한 점도 많았습니다. 부담을 느끼면서도 가족이기에 밀어낼 수가 없었죠. A 씨는 가족 관계 속에서 숙제처럼 감정 노동을 하면서 고대 그리스 신화 속 매일 돌을 굴리는 시지프스가 된 것처럼 느껴졌다고 합니다. 그러다 A 씨는 상담을 진행하며 자취를 시작했고, 가족에게 '팔촌 이내 출입 금지!'를 선언했습니다. 그 대신 일주일에 한 번 온 가족이 모여 저녁 식사를 하며 안부를 나누기로 했지요. A 씨가 가족에게서 독립하기로 결심한 겁니다. 성인이 되고 나면 심리적으로나 물리적으로 독립해야 하는 때가 옵니다. 언제까지나 가족과 함께 살며 가족만을 위해 살 수는 없는 일이죠. A 씨는 자취를 시작한 이후부터 가족에 대한 부담감이 줄어들었다고 합니다. 물리적인 분리를 통해 심리적인 독립도 할 수 있게 된 것이죠. 이처럼 가족 관계 속 거리감을 유지하는 것은 매우 중요합니다. 함께 살고 있다면 같이 밥을 먹고 일상을 공유하면서도 서로의 사생활을 지켜 주는 겁니다. 방문이 닫혀 있을 때는 노크를 한 뒤 들어오라는 말을 듣고 나서 들어간다거나 서로의 물건을 함부로 대하지 않는 것이 대표적 예시입니다. 자녀가 독립해서 따로 살고 있다면 아무리 가족일지라도 자녀의 집에 가기 전에 미리 허락을 구하세요. 서로의 공간을 침범하지 않는 것으로 물리적 거리감을 유지하는 겁니다. 대신 일주일 혹은 한 달에 한 번씩 모여 가족 식사를 하며 안부를 나누세요. 어떻게 지냈는지, 특별한 일은 없는지, 서로 도울 수 있는 것은 없는지에 대해 이야기를 나누며 관계를 유지하는 겁니다.

친밀한 가족의 두 번째 특징은 '예의'입니다. 사회생활을 할 때 예의는 매우 중요한 경계이자 약속이죠. 가족 구성원의 나이와 상관없이 서로에 대한 예의를 지키는 것은 가족 관계를 원만하게 유지하는 데 필요합니다. 세상에 막 대해도 되는 사람은 없습니다. 가족이라는 이유로 상대방을 내가 원하는 대로 말하고 행동하도록 바꾸려는 것은 욕심이자 영역 침범입니다. 서로 싫어하거나 불편해하는 언사에 대해 조심할 줄 아는 사회적 감각을 가족에게 활용해 보세요. 함부로 질문하거나 다른 사람의 의사는 묻지도 않고 막무가내로 결정하지 않는 겁니다. 가족은 본질적으로 '관계'입니다. 관계는 만족스러울 때도 있고 고통스러울 때도 있는 복잡한 함수인데, 가족의 경우 '혈연'이라는 조건까지 더해져 마치 풀리지 않는 고차방정식 같죠. 말투도, 감정 표현도, 갈등 대처법도 같은 듯 다르기에 기대와 실망을 반복하게 되기도 합니다. 내 마음을 가장 잘 아는 듯하다가도 나에 대해 가장 모르는 것 같은 사람이 바로 가족이죠. 이렇듯 어려운 가족을 쉽게 대하지 마세요. 깍듯이 대하라는 게 아닌, 가족도 아껴 주라는 겁니다. 언제나 나를 이해해 주고, 내 곁에 있을 사람이라는 생각에 함부로 대하지 말고, 나를 가장 아끼고 이해해 주는 고마운 사람이라 생각하며 예의를 지켜 보세요. 이전보다 훨씬 친밀한 관계를 이어 갈 수 있을 겁니다.

끝으로 가족을 세세하게 살펴 주세요. 살피는 것 역시 친밀하면서도 건강한 가족을 만드는 핵심적인 특징입니다. 가족은 다른 관계에 비해 '감정 노동'을 더 많이 하게 되는 존재입니다. 함께 보낸 시간이 긴 만큼 서로 많은 영향을 주고받죠. 때로는 힘이 되기도 하지만, 때로는 서로에게 씻을 수 없는 상처를 주기도 합니다. 그 속에서 우리는 끊임없이 감정을 쏟습니다. 특히 가족 안에서의 역할을 충실히 해내고 싶어서, 부모는 부모로서, 자녀는 자녀로서 서로에게 무언가 해내는 모습을 보여 주고 싶다는 강박을 지니게 되죠. 그런 마음을 이해하고 서로를 다독이며 힘이 되어 주세요. 상대방이 듣고 싶어 하는 칭찬은 무엇인지, 어떤 방식의 위로를 원하는지 고민해 보세요. 쉽게 떠오르지 않아도 괜찮습니다. 가족이라고 할지라도 상대방을 다 알 수는 없으니까요. 지금부터 조금씩 나아가면 됩니다. 혹시 가족에 대해 다 안다고 생각하시나요? 그건 망상입니다. 자기 자신에 대해서도 잘 알 수 없는 것이 사람인데 어떻게 다른 사람에 대해 잘 알 수 있을까요? 그러니 시간을 갖고 가족을 찬찬히 지켜보세요. 아무리 지켜봐도 잘 모르겠다면 솔직하게 물어보는 것도 방법입니다. 그리고 나를 위로하는 방법을 가족들에게 알려 주세요. 서로를 위로하는 방식을 나누며 마음이 지치고 힘들 때 가족에게 기대어 위로를 받고 이겨 내세요. 일종의 위로와 안심의 규칙을 공유하다 보면 관계도 자연스럽게 단단해질 수 있을 겁니다.

가족과 잘 지내는 사람은 서로의 감정 노동을 줄이기 위해 노력하고, 분리와 연결을 적절하게 조합하고, 서로를 위한 규칙을 가지고 있습니다. 여러분은 가족과 함께 만든, 혹은 암묵적으로 지키기 위해 노력하는 규칙이 있나요? 그중 바꾸거나 추가하고 싶은 규칙이 있다면 어떤 것인가요? 가족 관계 속 규칙들을 자세히 들여다보고, 각각의 규칙이 가족 관계를 건강하게 만드는 것인지 고민해 보세요. 친밀하면서 건강한 가족 관계는 여기서부터 시작하는 겁니다. 물론 규칙을 정하고, 친밀한 관계를 유지하는 것이 호락호락하지 않을 겁니다. 그러니 가족을 한 번에 개조하겠다는 목표는 포기하세요. 대신 내가 바뀌는 겁니다. 먼저 다가가고, 들여다보며 노력한다면 가족 관계도 바뀔 겁니다. 내가 선택하고 수행할 수 있을 만큼 나이를 먹었다는 점을 기억하면서 오늘부터 용기를 내 보시죠!

좋은 친구를
바라기 전에
좋은 사람이 되어라

　　　　　지금까지 좋은 친구들을 사귀었다면 앞으로도 좋은 친구들을 사귀게 될 겁니다. 비슷한 사람끼리 모여 친구가 되기 때문이죠. 여러분의 친구들을 떠올려 보세요. 어떤가요? 여러분과 비슷한가요? 특히 오래 사귄 친구들은 나와 유사한 점이 상당히 많습니다. 심리학에서는 이를 걸맞추기 원리Matching Principle를 활용하여 설명합니다. 걸맞추기 원리란 가치관, 태도, 취향, 성격 등이 비슷한 사람들끼리 더 쉽게 친밀해지고 지속적으로 관계를 맺는 경향이 있음을 의미합니다. 그렇기 때문에 나와 신체적으로 외모가 닮았거나 태도, 행동, 가치관 등이 비슷한 사람에게 호감을 느끼는 경향이 높다고 합니다. 여러분도 친구들의 태도와 말, 특성을 잘 뜯어 보세요. 자세히 보다 보면 나와 비슷한 점을 찾게 되고, 이를 바탕으로 나의 모습을 되돌아볼 수도 있죠. 친구들의 특성을 통해 나의 가치관, 성격, 사고 방식, 심지어는 식성까지 유추해 볼 수 있습니다. 이처럼 비슷하고 공통점이 많다 보니 소통이 원활하고, 함께 있을 때 심리적 불안이 적고, 나의 정체성을 지지하거나 강화해 주니 마치 든든한 아군을 가진 기분이 듭니다. 때문에 생각, 성향이 비슷한 사람끼리 모이면 이인삼각을 하듯 신나게 보조를 맞추며 기쁨과 깊은 신뢰를 나눕니다. 그리고 그룹을 형성하며 안정감과 소속감을 형성하게 되는 것이죠. 사람은 함께 이야기할 수 있는 공통 주제가 있고, 함께 화를 내거나 기뻐해 주는 '나와 비슷한 사람'에게 끌립니다. 그러니 좋은 친구를 사귀고 싶다면 자기 자신을 돌아보고, 좋은 사람이 되기 위해 노력하세요. 함께 울고 웃으며 세월을 보낸 친구들에게 좋은 친구가 되기 위해 노력하는 겁니다. 일단 친구에게 서운했던 기억, 친구에게 실망했던 기억을 떠올려 보세요. 서운함과 실망은 기대에서 비롯된 것들입니다. 친구가 나에게 해 주길 바랐던 것들을 바탕으로 좋은 친구란 무엇인지 고민하고, 앞으로 내가 친구를 대할 때 어떻게 대해야 할지 정리하세요. 그리고 하나씩 해 나가는 겁니다.

여러분 주변에 배울 점이 있는 좋은 친구가 많이 있나요? 그렇다면 여러분 또한 배울 점이 있는 훌륭한 사람입니다. 그 친구들에게 당신도 빛나고 믿음직스러운 친구일 겁니다. 이때 좋은 친구는 대단한 것이 아닙니다. 힘들 때 곁에 있어 주고, 기쁠 때 함께 기뻐하고, 특별한 일이 있으면 함께 맛있는 것을 사 먹고, 아무런 일이 없어도 근처를 지나다 만나서 커피 한잔 마시는 것이 바로 좋은 친구죠. 그러면서 서로 도움을 줄 수 있을 때는 기꺼이 돕고, 도움을 받을 때는 고마운 마음을 표현하다 보면 나는 친구에게, 친구는 나에게 좋은 친구가 되어 있을 겁니다. 다른 인간관계에서도 마찬가지입니다. 좋은 사람이 나를 찾아오기를 기다리지 말고, 내가 좋은 사람이 되어 함께 좋은 관계를 형성해 나갈 수 있는 관계를 만드세요. 그러다 보면 나도 모르는 사이에 좋은 친구, 좋은 가족, 좋은 지인을 주변에

두게 될 겁니다.

좋은 친구를 곁에 두기로 마음먹기 전에 '좋은 친구'와 '내가 좋아하는 친구'를 구분하는 것이 중요합니다. 내가 좋아하는 사람만으로 인간관계를 구성하다 보면 비슷한 사람끼리 모이게 됩니다. 이는 새로운 시각으로 세상을 바라보기 어렵게 만들죠. 게다가 단점이 비슷한 사람끼리 친구가 되어 서로를 북돋아 주다 보면 단점이 보완되기는커녕 두드러지기도 합니다. 예를 들어 의지가 강한 이들끼리 모여 자신의 의견을 강하게 내세우는 데 익숙해진다면 고집이 세질 것이고, 의지가 약한 이들끼리 모여 있다면 무언가를 포기하더라도 서로 괜찮다고 응원만 해 주며 의지는 박약해지고 충동성이 높아질 수도 있습니다. 이처럼 비슷한 사람끼리의 모임이 안전하지만 지루하니 새로운 사람의 유입을 통해 관계에 새 바람을 불게 해야 합니다. 타인을 통해 나의 단점을 발견하고 보완하기 위해서는 자아분화 수준을 높여야 합니다. 자아분화는 가족과의 관계를 비롯하여 다양한 인간관계 속에서 다른 사람의 감정, 기대, 충동에 갇히지 않고 자기만의 고유한 사고를 하고, 때로는 상황에 맞춰 이를 잠재울 수 있는 능력을 말합니다. 자아분화 수준이 높은 사람은 자신이 속한 집단의 보편적인 결정과 다른 결정을 내릴 수 있는 힘을 지니고 있습니다. 쉽게 말해 같은 공동체에 속한 사람과 다른 생각, 다른 선택을 하는 힘을 말하는 것이죠. 자아분화 수준을 높이기 위해서는 감정과 지성을 조화롭게 결합하고, 자신의 신념과 가치를 명확하게 이해하며 자신이 어떤 상황에서 타인의 기대나 환경에 따라 흔들리는지 파악할 수 있어야 합니다. 이를 위해서는 오랫동안 함께한 사람들과의 인연을 계속해서 이어 가는 것뿐 아니라 새로운 관계를 통해 다양한 시각에서 나를 바라보고, 나의 장단점을 발견해야 합니다. 새롭게 발견한 장점은 발전시키고 몰랐거나 모르는 척했던 단점은 보완하면서 성장하는 것이죠. 이처럼 새로운 관계를 통해 다양한 시각으로 나를 바라보다 보면 내면도 한층 더 단단해질 겁니다. 그리고 단단하게 성장한 모습으로 좋은 친구들과 행복한 시간을 보낼 수 있을 겁니다.

반복되는 인간관계 파탄,
원인은
내 안에 있다

　　　　　　　　　　인간은 완벽하지 않고, 계속해서 같은 실수를 반복합니다. 그렇기 때문에 넘어진 곳에서 또 넘어지는 것이죠. 시지프스처럼 굴러 내려온 돌을 다시금 올리는 고통 노동을 사는 내내 반복합니다. 아, 이 비참한 비극의 굴레여! 고통의 반복은 관계를 맺을 때도 마찬가지입니다. 우리는 관계를 맺을 때 실수했던 지점에서 같은 실수를 반복합니다. 왜 자꾸만 같은 실수를 반복하는 걸까요? 관계 맺는 방식이 반복된다는 것은 심리적 패턴이 반복된다는 것인데, 이 심리적 패턴을 파악하지 못해 같은 실수를 반복하는 것입니다. 심리적 패턴을 파악하기 위해서는 어린 시절의 애착 관계를 돌아봐야 합니다. 심리학자 프로이트는 과거에 발생해 현재까지 해결하지 못한 감정적 상처나 갈등이 일종의 심리적 패턴을 만들어 낸다고 보았습니다. 어린 시절, 부모나 주 보호자와의 관계에서 형성된 애착 관계의 모습은 성인이 된 후 타인과의 인간관계를 형성할 때에도 유사하게 나타납니다. 어린 시절 부모 혹은 주 보호자와의 관계 속에서 상대방이 자신을 사랑하는지 끊임없이 의심했던 사람은 성인이 된 이후에도 타인과 관계를 맺을 때 상대방이 자신을 좋아하는지 끊임없이 불안해하고 집착합니다. 간혹 나를 괴롭게 만드는 사람과의 애착 관계를 끊어 내기 어려워하는 경우도 있습니다. 자신에게 못되게 굴거나 관계의 주도권을 쥔 채 소위 말해 '갑질'을 하는 사람과의 만남을 고통스러워하면서도 지속하는 것이죠. 이는 어린 시절, 부모 혹은 주 보호자와의 관계에서 억압받은 경험이 있는 사람들에게서 주로 발견할 수 있는 애착 관계입니다.

이처럼 어린 시절의 관계를 맺는 방식과 관계 속에서 형성된 심리는 바꾸기 쉽지 않습니다. 하지만 불가능하지도 않죠. 이를 의식하고 변하기 위해 끊임없이 노력하는 것이 중요합니다. '아, 내가 부모와 이런 관계를 맺었기 때문에 지금도 내 친구, 연인, 지인과 이런 관계를 맺고 있구나.'라고 자신의 애착 유형과 관계 맺는 방식을 이해한 다음, 상대방에게 '나는 이런 애착 유형이고, 이런 방식으로 관계를 맺고 있어. 너를 밀어내려고 할지도 몰라. 절대 진심이 아니고, 고치기 위해 노력하고 있어. 나를 꼭 붙잡아 줘.'라고 요청할 수 있지요. 또 나도 모르는 새 불안과 집착이 시작되었다면 주먹을 꼭 쥐고 '연락하고 싶지만 견디자. 3일만 더 견디자.' 하며 나만의 방법과 규칙을 만들어 불안 대신 인내와 안정이 자리를 잡을 수 있도록 노력할 수 있습니다.

또한 사람은 무의식적으로 자신이 안정감을 느끼는 상황을 만듭니다. 자신이 예측할 수 없는 미래에 대한 불안을 갖고 살아가기 때문이죠. 타인과 관계를 맺는 상황에서도 자신이 예측할 수 없는 방향으로 타인이 행동하는 것에 대한 불안을 갖습니다. 이러한 불안을 낮추기 위해 새로운 관계를 맺을 때에는 부정적이든 긍정적이든 이전과 비슷한 방식으로 관계를 이끌어 갑니다. 이미 겪어 본 방식이기에 자신을 지킬 수 있다고 생각하거나, 충분히 견딜 만하다고 생각하기도 하죠. 결국 불행하긴 해도 예측할 수 있고 견딜 만하다 생각하니 나도 모르게 기꺼이 같은 선택을 하게 되는 겁니다. 그러니 인간관계를 맺을 때 동일한 상황에서 타인이 나를 떠나가거나, 비슷한 패턴으로 관계가 틀어지고 있다면 자신의 내면을 돌아보아야 합니다. 어떤 지점에서 불편함 혹은 불안함을 느끼는지, 어떤 방식으로 관계를 맺고 있는지 점검하고 필요하다면 관계를 맺는 방식을 바꿔야 합니다.

관계에서 같은 실수를 반복하는 또 다른 이유는 스키마 Schema 때문입니다. 스키마란 외부로부터 받아들인 정보를 빠르고 간편하게 처리하기 위한 '사전 지식'입니다. 쉽게 말해 세상을 바라보는 '마음 필터'죠. 이전의 경험과 지식을 활용하기 때문에 빠르게 판단할 수 있다는 장점이 있지만 고정 관념이나 편견의 원인이 될 수 있어 주의해야 합니다. 어린 시절의 관계 속에서 형성된 스키마는 성인이 된 후 새로운 관계를 형성할 때에도 이전의 관계를 바탕으로 자신만의 관점에서 상황을 해석하게 만듭니다. '저런 사람은 항상 저런 반응과 태도를 보여.', '마음을 모두 보여 주면 반드시 피해 봐.', '나는 사랑받을 자격이 없어.' 이와 같이 자신 혹은 타인에 대한 부정적인 생각이 스키마로 자리 잡으면 새로운 관계를 시작하더라도 비슷한 상황에서 자신 혹은 타인을 부정적으로 판단하게 됩니다. 결국 과거의 실수를 반복하는 것이죠.

관계 맺는 방식의 반복은 혼자 해결하기 어려운 경우가 대부분입니다. 일종의 무의식적 반응일 가능성이 높기 때문이지요. 그러니 마음이 힘들고 관계를 맺는 것이 어렵게 느껴지면 상담을 받아 보세요. 그중에서도 상담을 통해 심리 분석을 받아 보는 것이 좋습니다. 나의 인생을 펼쳐 놓고 어떤 시점에 관계 패턴이 만들어졌는지 상담사와 함께 분석하는 거지요. 특히 가족센터와 같이 무료 상담을 받을 수 있는 기관도 마련되어 있으니 부담 없이 상담받아 보시기를 권합니다. 분명 불안을 덜고, 새로운 시행착오 속에서 좋은 열매를 맺을 겁니다.

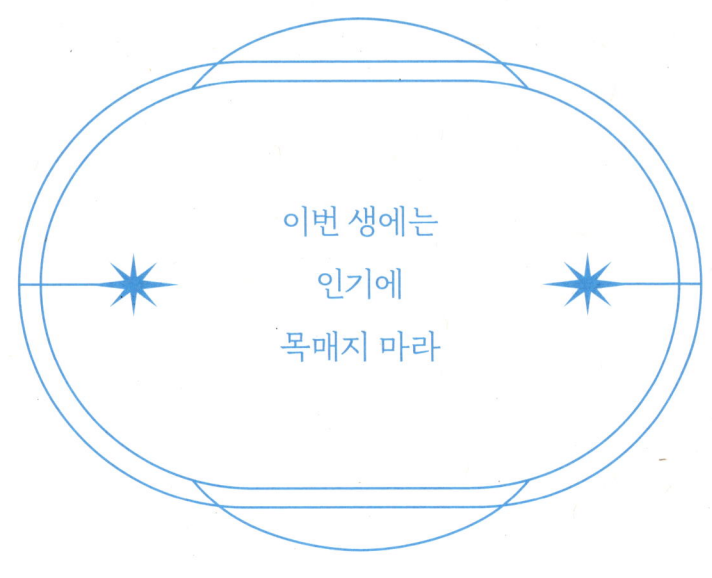

이번 생에는
인기에
목매지 마라

　　　　　　　　　대부분의 사람들은 존재감이 없습니다. 친구의 친구, 학창 시절 같은 반이었지만 친하지 않았던 친구 등 아예 기억하지 못하거나 어렴풋이 기억나는 사람들처럼 나에게 존재감 없는 사람들이 있듯이 나도 누군가에게는 존재감 없는 사람일 겁니다. 그런데 종종 존재감이 크고, 누구에게나 사랑받는 사람이 있습니다. 그런 사람은 어떻게 많은 사람에게 호감을 얻고 어디서나 사랑받는 사람이 된 것인지 궁금하기도 하죠. 인기 있는 사람은 단순히 재미있거나 다정한 사람만은 아닙니다. 나이 들고 무르익어 가면서 인기가 있는 사람들은 확실한 특징이 있습니다. 첫 번째 특징은 '첫인상'입니다. 첫인상은 대부분 외형을 보고 결정됩니다. 사람의 마음을 살펴야 하는 거 아니냐는 의문이 들 수 있지만 인정할 것은 인정하고 넘어가야죠. 관계가 시작된 지 얼마 지나지 않았을 때 타인에 대한 평가를 크게 좌우하는 것은 외형입니다. 이는 단순히 잘생겼는지 예쁜지에 따라 달라지는 것이 아닙니다. 물론 잘생기고 예쁜 사람에게 더 큰 호감을 느낄 수는 있습니다. 하지만 첫인상은 단순히 외모뿐만 아니라 표정, 입은 옷 등 다양한 요소가 작용합니다. 처음 만났을 때 화를 내고 있던 사람은 '화가 많은 사람'이라 생각하기 쉽고, 생글생글 웃고 있던 사람은 '친절한 사람'이라 생각하기 쉽죠. 그러니 누군가를 처음 만날 때는 타인에게 내가 어떻게 보일지를 고민하며 상대방을 대해 보세요. 옷은 깔끔하게 차려 입고, 표정은 화가 난 듯 무뚝뚝한 표정보다는 살짝 미소를 지어 부드러운 인상을 주며 '나'에 대한 호감도를 높이고 친해지고 싶은 사람이 되어 보는 겁니다. 쉽게 말해 나에 대한 '진입 장

벽'을 낮추는 것이죠.

　관계가 깊어지다 보면 첫인상 그대로 한결 같은 사람도 있지만 의외의 모습을 알게 되는 경우도 있습니다. 첫인상은 무뚝뚝한 사람인 줄 알았지만 애정 표현이 많은 경우도 있고, 첫인상은 다정한 사람인 줄 알았지만 부정적인 말을 많이 해 함께 있기 불편한 사람도 있죠. 관계가 깊어지고 서로의 새로운 모습을 알아 가는 과정에서도 계속해서 인기 많은 사람들의 특징은 '능력'입니다. 사람은 자신만의 능력을 가진 사람 앞에 무릎을 꿇게 되지요. 특히 마흔이 넘어가면 사회적 성취가 눈에 띄는 사람에게는 배울 것이 있다고 생각하며 함께 이야기를 나누거나 시간을 보내고 싶어 합니다. 인생의 성패가 마치 작품처럼 서서히 드러나기 시작하는 시기기에 미운 사람일지라도 그가 가진 능력은 인정할 수밖에 없고, 그와 함께 시간을 보내며 성장하고 싶어 하죠. 눈에 띄는 성취가 없다면 앞으로 성취를 이룰 수 있는 것을 향해 달려 나가 보세요. 잘하는 일 중에 남들에게 도움이 될 수 있는 것이 있을지, 못하는 일 중에 조금 더 능력을 끌어올릴 수 있는 일은 없을지 고민해 보세요. 나의 능력을 조금씩 성장시키다 보면 함께 성장하고 싶은 사람들이 주변에 하나둘씩 모일 겁니다. 주변 사람과 함께 성장하고 시너지 효과를 내며 서로의 쓸모를 찾아 주고, 함께 나아가는 겁니다.

아무리 첫인상이 좋고 능력이 좋은 사람일지라도 '인간성'이 없다면 다른 사람의 마음을 얻을 수 없습니다. 반대로 사람의 됨됨이가 좋은 사람은 알아 갈수록 더 깊이 친해지고 싶고, 함께하고 싶은 시간이 길어집니다. 다른 사람을 살피고, 위기의 순간에 손을 내밀어 주고, 위로의 눈빛과 실질적 도움까지 주는 따스한 사람을 뿌리칠 사람이 있을까요? 다른 사람을 따뜻하게 대하는 모습을 보면 내게도 따뜻하게 대해 줄 것이라는 기대 속에 호감을 느끼게 되고, 내게도 따뜻한 손을 내미는 모습을 보면 고마움을 느끼게 됩니다. 그리고 '저 사람이 인기 있는 이유가 있었구나.'라고 생각하게 되지요. 군중 속에서 나를 기억해 주고, 나를 난관에서 구해 주는 사람, 내 이름을 불러 주어 모두가 나를 기억하게 해 주는 사람이라면 누구라도 잊지 못하고 함께하고 싶을 겁니다. 누군가 나의 친구가 되어 나를 일으켜 주길 바라지 말고 내가 먼저 손을 내밀어 보세요. 이때 중요한 것은 온도입니다. 모든 인간은 따스한 사람을 좋아합니다. 그러니 인기 있고 싶다면 따스해야 합니다. 나를 향했던 수많은 시선을 생각해 보세요. 40년을 넘게 살면서 타인의 무례하고 불친절한 모습에 상처받았던 기억을 떠올리고, 다정하고 친절한 모습에 감동받았던 추억을 떠올리는 겁니다. 굳은 얼굴과 험한 표정은 나를 불편하게 만들었고, 강한 손짓과 무례한 말투는 다시는 보고 싶지 않았죠? 반대로 친절하고 다정한 사람의 모습은 두고 두고 떠올리며 그 사람을 다시 한번 만나고 싶다고 생각했을 겁니다. 이제 스스로에게 질문해 보세요. 나는 어떤 모습으로 다른 사람의 마음에 남고 싶은가요?

인기에 목매지 마세요. 인기가 '모두의 환호'라고 생각하나요? 그럼 이번 생에는 인기를 기대하긴 어려울 겁니다. 어떻게 모두를 만족시킬 수 있고, 모두에게 보고 싶은 사람이 될 수 있겠습니까. 그건 닿을 수 없는 목표지요. 인기는 '안심의 척도' 정도로 생각하는 게 좋습니다. '너와 함께 있을 때 내가 편안했다.', '너와 함께하면 흐뭇하다.'라고 생각해 본다면, 우리는 누구나 인기 있는 사람이 될 수 있습니다. 다른 사람의 환호를 받기 위해 아등바등 눈치코치 보며 살 필요가 없어지는 거죠. 누군가에게 함께 있을 때 안심되고, 보고 있으면 흐뭇한 사람이 되기로 마음먹어 보세요. 그런 존재는 인생을 함께할 수 있는 '동반자'로서 자격이 있다고 할 수 있죠. 평생 인기가 없었다면 앞으로도 없을 겁니다. 다만 다른 사람들과 평생을 큰 탈 없이 지냈다면 당신은 '검증된 사람'이자 '안심의 대상'입니다. 어디에 내놔도 괜찮은, 누구와도 잘 섞일 수 있는 사람이죠.

환호와 주목을 받는 사람들과는 달리 본인은 인지하지 못하지만 조용히 인기 있는 사람도 존재합니다. 크게 빛나지는 않더라도 매일 성실하게 빛나는 '작은 별'인 것이죠. 우리에게 타고난 인물도, 엄청난 능력도 없을지 모릅니다. 만약 그런 것들이 있다면 '땡큐!'지만 없다면 아쉬운 대로 나만의 매력과 능력을 갈고닦아 나만의 빛을 내 봅시다.

마흔 이후
혼자 싸우는 사람은
지게 마련이다

요즘은 컬래버레이션이 대세입니다. 맥도날드와 BTS, 곰표 밀가루와 세븐브로이 맥주, 나이키와 티파니앤코, 던킨 도넛과 삼진어묵, 죠리퐁과 자뎅이 바로 그 예시입니다. 컬래버레이션을 한다는 것은 서로 다른 매력을 가진 브랜드가 만나 새로운 매력과 시너지 효과를 만드는 것입니다. 그런데 브랜드나 상품이 아닌 개인과 개인 사이에서도 컬래버레이션을 할 수 있다는 사실을 알고 계셨나요? 개인과 개인은 '친구 관계'를 통해 컬래버레이션을 이룰 수 있습니다. 서로 다른 삶을 살고, 서로 다른 생각을 하는 너와 내가 섞여서 우리라는 시너지를 만들어 내는 것이죠. 멍청한 내가 더 멍청한 너를 만나는 것도 우정일 수 있지만, 진정한 우정은 부족한 내가 배울 점이 있는 너를 만나 성장하는 과정입니다. 학창 시절에는 친구가 가족보다 중요하고 세상의 전부인 것처럼 느껴지지만 나이 들수록 친구의 존재가 흐릿해집니다. 40대가 되면 바빠서, 관심사가 달라져서 등 다양한 이유로 친구들과 멀어지면서 곁에 한두 명만 남기도 하죠. 그런데 유독 연식이 쌓일수록 친구가 많은 사람이 있어요. 여러 친구와 어울리며 서로 돕고, 가끔 만나 밥을 한 끼 먹는 일이 때로는 부럽게 느껴집니다. 그런 일이 왜 부러울까 돌이켜 보니 제가 친구라는 존재를 필요로 하던 시점에는 그런 친구들이 주위에 없었기 때문이었습니다. 회사와 가정에 열중하다 보면 사는 것도 바쁘고 피곤한데 굳이 시간과 체력을 쏟으며 관계를 유지하는 것이 버겁게 느껴질 수도 있습니다. 하지만 친구라는 존재는 삶에서 꼭 필요합니다. 내가 행복할 때 함께 웃어 주고, 내가 힘들 때 기댈 수 있는 존재는 드물어요. 친구 관계에 대한 회의를 갖고 있더라도 내가 친구 관계를 통해 얻었던 위로와 웃음을 떠올려 보세요. 친구 관계를 잃는다면 그 위로와 웃음을 얻을 수 없게 됩니다. 그렇다면 어떻게 해야 친구 관계를 유지하고, 많은 친구를 사귈 수 있을까요?

친구가 많은 사람의 첫 번째 특징은 '경계를 잘 설정하는 것'입니다. 친구가 많은 사람을 자세히 들여다보면 타인에게 친절하기 위해 노력합니다. 누군가에게 날이 선 말을 던지지 않고 친근하게 다가가 마음이 편안해지는 대화를 나눌 수 있는 사람 주변에는 친구가 많을 수밖에 없죠. 게다가 타인의 말에 귀를 기울이며 이야기를 잘 들어 주니 많은 이들이 고민 상담을 하거나 함께 이야기하고 싶어 합니다. 그런데 친구가 많은 사람은 타인의 이야기를 잘 들어 주고, 편안하게 대화를 나누는 데 특화된 사람일까요? 아닙니다. 그도 주위 사람에게 친절을 베풀기 위해 끊임없이 시간과 체력을 들입니다. 어떤 사람을 만나든 어떤 상황이든 친절함을 베푸는 것은 많은 체력이 필요한 일입니다. 상대방의 기분을 살피고, 그에 맞춰 반응하는 일을 종일, 매일매일 한다고 생각해 보세요. 생각만 해도 피곤하고 다른 사람을 만나는 것이 부담스럽게 느껴질 겁니다. 친구가 많은 사람도 똑같습니다. 타인을 만나고, 그들의 기분을 살피며 친절하게 대하는 데 많은 체력이 필요하죠. 대신 친구가 많은 사람은 경계를 설정할 줄 압니다. 자신의 체력이 어느 정도인지 알고, 자신의 체력이 닿는 데까지는 최선을 다해 타인에게 관심과 체력을 쏟기로 마음먹습니다. 하지만 체력이 남지 않은 경우에는 억지로 친절하기 위해 노력하지 않겠다고 다짐하는 것이죠. 억지 친절은 관계 파쇄기가 되어 관계를 더욱 먼 위치로 밀어냅니다. 상대방이 나와 함께하는 시간에 피곤해하면서도 억지로 웃는다고 생각해 보세요. 상대방도 나도 서로의 눈치를 보느라 즐거움보다는 부담감이 앞서는 시간일 겁니다. 그러니 상대방과 긍정적인 관계를 계속해서 유지하고 싶다면 체력이 없을 때 애써 만나는 것보다 만남을 미루더라도 체력이 있을 때 만나서 더 즐겁고 행복한 시간을 나눠 보세요. 관계를 유지할 때 중요한 것은 만남의 '양'이 아닌 '질'입니다.

친구가 많은 사람의 두 번째 특징은 '인내심'입니다. 나를 참아 내는 걸 보면 알 수 있지요. 다른 사람의 단점 혹은 나와 다른 생각을 그대로 받아들이는 것은 쉬운 일이 아닙니다. 사람들은 함께 시간을 보내다 보면 서로의 장점과 단점을 알게 되기에 '이 사람은 이런 점은 참 좋은데, 이럴 때마다 불편하네.'라고 생각해 본 경험은 누구나 한 번쯤 있을 겁니다. 그 과정에서 나와 맞지 않다고 생각하는 사람과는 서서히 멀어지고, 그럼에도 장점이 많은 사람이라 자꾸 보고 싶어진다면 단점을 참고 견디며 서로 맞춰 가는 게 바로 인간관계입니다. 만약 나의 단점을 알지만 묵묵히 견디고 있는 친구가 있으면 입 꾹 닫고 친구와 가까이 지내세요. 그런 친구가 앞으로도 나를 견뎌 주고 일상을 함께하게 될 친구입니다. 그리고 자신의 인내심도 점검해 보세요. 다른 사람을 얼마나 견디고 있는지, 다른 사람에 대해 얼마큼의 사회적 내성을 가지고 있는지 살피는 과정도 중요합니다. 다른 사람의 작은 실수에도 가차 없이 인연을 끊어 버리는 인내심이라면 많은 사람과 긴 시간 알고 지내기 어렵습니다. 그러니 다른 사람의 실수를 적당히 참는 인내심을 길러야 합니다. 상대방의 실수, 잘못을 모두 눈감아 주라는 것은 아닙니다. 불같이 화를 내는 것도, 미친 듯이 참는 것도 관계 자해임을 기억하세요. 나에게 해를 끼치거나 상대방이 잘못된 방향으로 가고 있다면 바로잡을 필요가 있죠.

하지만 작은 실수나 잘못이라면 적당히 참으며 '그럴 수 있어.'라는 말을 되새겨 보세요. 인내심이 커지면서 내 곁에 남는 사람이 많아질 겁니다.

친구가 많은 사람의 세 번째 특징은 '친구를 정의하는 범주가 넓다는 것'입니다. 진심을 나누고 삶의 비밀을 속삭이는 것이 진정한 친구라고 생각한다면 친구를 찾는 것은 어려울 겁니다. 그런 깊은 마음과 정을 나누는 일은 혈육이나 배우자 간에도 힘든 경우가 많습니다. 친구를 정의하는 범주를 좁히다 보면 충분히 가까운 관계임에도 친구가 아니라고 생각하며 선을 긋게 됩니다. 그러다 보면 관계가 일정한 수준 이상 진전되기 어렵죠. 친구가 많은 이들은 친구를 정의하는 범주가 넓습니다. 사람들은 같은 상황일지라도 어떻게 제시하느냐에 따라 그 상황에 대한 인식과 의사 결정의 결과가 달라집니다. 이를 프레이밍 효과Framing Effect라고 하죠. 유명한 예시인 '물이 반이나 있다.'와 '물이 반밖에 없다.'라는 말은 각 상황에 대한 인식의 차이를 보여 줍니다. 같은 양의 물일지라도 물이 반이나 있다고 생각한다면 물의 양에 만족할 수 있지만, 물이 반밖에 없다고 생각한다면 물의 양에 만족할 수 없죠. 이처럼 같은 상황일지라도 어떻게 판단하고 행동할지는 우리의 마음에 달렸습니다. 다른 사람을 친구라고 생각하고 대한다면 그 사람을 친구로 만들 수 있지만, 나조차도 친구가 아니라고 생각하고 대하면서 상대방이 나를 친구처럼 대해 주길 바라는 건 욕심입니다. 친구가 많아지고 싶다면 친구의 기준을 넓히고 모두를 친구처럼 대해 보세요. 마음이 맞으면 친구, 동갑이면 친구, 같이 밥 먹으면 친구, 조문을 같이 가면 그 또한 친구지요. 가장 흔한 관계가 친구라는 말도 있습니다. 물론 그 가운데 이름을 마음 깊이 적어 둔 이가 있겠으나 모두에게 그 마음을 드러내지 않지요. 어떤가요, 마음속 친구에 대한 정의는 무엇인가요? 교집합이 아니라 합집합, 심지어 여집합까지도 친구가 될 가능성을 열어 놓는 이들이 '나이 들수록 친구가 많은 사람들'입니다.

친구가 많은 사람의 네 번째 특징은 새로운 관계를 시작하는 데 어려움을 느끼지 않는 것입니다. 많은 사람이 새로운 관계를 시작하는 데 어려움을 느낍니다. 새로운 사람을 만났을 때 자신을 소개하는 것부터 다음 만남을 이어 가는 과정을 어렵게 생각하죠. 하지만 누군가와 친구가 되기 위해서는 꼭 필요한 과정입니다. 친구 많은 이들을 관찰하며 발견한 방식을 정리하면 다음과 같아요. 첫째, 먼저 악수를 청하고 자신을 소개합니다. 이 과정에서 명함을 주고받는 일이 많습니다. 서로의 소속을 밝힘으로써 신원을 확인하고 신뢰를 얻는 겁니다. 둘째, 자리를 파한 뒤, 다음에 꼭 다시 만나자는 문자를 보냅니다. 새로운 만남이 즐거웠다는 신호를 보내세요. 그리고 다시 만났을 때 기쁘고 반가운 마음을 표현하며 구면임을 강조하세요. 그리고 서로의 긴장도를 낮출 수 있는 가벼운 대화를 시작으로 관계를 진전시키는 겁니다.

그러다 보면 나도 모르는 새 다양한 친구들과 관계를 맺고 있을 겁니다. 친구가 많은 사람이 되고 싶다면 적극적으로 다가가 보세요. 그리고 친구와의 유쾌한 컬래버레이션을 이루기 바랍니다.

소중한 사람을
방치하면
반드시 후회한다

　　　　우리는 아무리 편한 사이일지라도 관계를 유지하기 위해 에너지를 사용합니다. 아픈 곳은 없는지 괴롭히는 사람은 없는지 신경 쓰고, 시간을 내서 만나는 과정은 생각만 해도 피곤할 정도입니다. 하지만 우리는 상대방을 아끼고 좋아하는 마음으로 그 피곤함을 이겨 내죠. 저와 알고 지내던 강원도 영월에 사는 90세 어르신은 매일 아침 식사 후, 동갑 친구를 만나기 위해 네 고개를 넘어갑니다. 가는

데 3시간, 오는 데 3시간이 드는데 해가 저물기 전에 귀가를 해야 하기에 만남은 고작 1시간 정도입니다. 가서 뭘 하시냐 여쭸더니 "그냥 앉아 있다가 와." 하십니다. 어떤 말씀을 주로 나누느냐는 질문에는 "아무 말도 안 해. 그냥 앉아 있다가 와." 하셨죠. 네 개의 고개를 넘어 만나서는 1시간 동안 앉아 있다 오신다는 어르신은 올해 소천하셨습니다. 그리고 장례식장에는 늘 함께 앉아 있었다던 친구분이 오셨고, 그냥 앉아 있다 가셨습니다. 두 어르신의 이야기는 우리에게 중요한 메시지를 전합니다. 친하다는 것이 어떤 관계를 의미하는지 생각하게 되죠. 대단한 일을 함께 하지 않아도, 자주 만나지 못해도, 그저 가끔 만나 그냥저냥 살아가는 이야기하며 시답잖은 농담을 주고받는 사이도 친구입니다. 가족 대소사에 함께하고 서로의 비밀을 주고받으며 어깨를 툭 치는 사이도 친구이고, 동창회에서 별말 없이 병풍같이 앉아 있는 이도 친구죠. 이 관계들 속에는 공통점이 있습니다. 바로 곁을 지켜 주는 것이죠. 내가 힘들 때 의지가 되고, 기쁠 때 함께 웃어 주는 사람을 우리는 친구라고 생각합니다. 나아가 오래 머무르는 사람을 오랜 친구라 부르죠. 친한 사람과 오래오래 함께하고 싶나요? 그럼 곁을 지켜 주세요. 특별한 일이 없더라도 함께 시간을 보내고 서로 안부를 묻고, 일상을 공유하는 거죠. 오랜 시간을 공유하기 위해서는 정기적으로 자연스러운 만남을 가져야 합니다. 정기적으로 연락하지 않는, 필요할 때만 연락하는 사람은 친구가 아니라 지인이지요. 가끔씩 안부를 묻고, 생일이 되면 축하한다는 이모티콘 하나 던져 주고, 연락이 뜸해지더라도 너무 미안해하지 않는 그런 사이를 우리는 친구라 합니다. 그러니 소식이 없다며 상대방을 탓할 것 없습니다. 여러분이 먼저 연락해 보세요. 오랜 관계를 유지하고 싶은 사람이 먼저 손을 내밀어 보는 거죠. 당신이 마성의 매력을 갖고 있지 않는 한 오래오래 함께 있을 수 있는 유일한 방법일 겁니다. 짝사랑은 싫다고요? 그럼 내가 좋아하는 사람과 오래오래 잘 지낼 생각은 접어 두어야 합니다. 사랑과 우정은 일방통행이라 생각해야 합니다. 상대방의 마음을 돌려받기 위한 관계가 아니라 나의 마음을 전하며 오랫동안 즐거운 시간을 함께 보내는 관계라고 생각해 보세요. 마음을 돌려받고 싶어지는 순간 관계에 아쉬움이 생기고, 그러다 보면 관계를 오랫동안 유지하기 어렵습니다. 그러니 일방적으로 주는 데 익숙해지고 받는 데 더 많은 고마움을 느껴 보세요.

　관계를 오랫동안 지속하려면 기억력도 필요합니다. 오랜만에 친구를 만나게 된다면 친구에게 큰일이 있지는 않았는지 기억을 더듬어 보세요. 문자, SNS 등 수많은 자료를 찾아 보아도 좋습니다. 장례, 결혼, 이별 등 큰 사건이 있었다면 친구의 '마음 안부'를 물어봐 주세요. '지금은 좀 목소리가 낫다, 어때?' 하고요. 만약 친구에게 큰 사건이 없었다면 '그간 뭐 달라진 건 없니?'라고 물어보며 근황을 나누기 시작해도 좋습니다. 근황에 대해 대화를 나누다 떠오르는 과거의 기억이 있다면 긍정적인 시각에서 회상하며 친구를 격려하고 다독여 주세요. '그때 너 정말 힘들어했는데, 잘 이겨 냈다. 멋있다.', '얼굴이 핼쑥하겠네. 만나면 내가 밥 좀 먹여야겠다.' 하고 뻔하지만 누군가 해 주길 바라는 말을 전하며 우정을 강화하는 겁니다. 그러니 오랫동안 만나고 싶은 사람이 있다면 자주 안부를 묻고, 친구에게 큰일이 있다면 기억해 두세요. 작은 기억과 노력이 큰 우정을 불러올 겁니다.

　타인과 긴 시간을 함께하며 잘 지내는 방법은 전적으로 마음가짐에 달렸습니다. 하물며 평생을 함께했던 가족 관계도 마음처럼 쉽지 않은데 완전히 다른 세상에 살고 있던 사람을 내 마음대로 움직일 수는 없습니다. 내가 세운 '친구'라는 기준에 누군가를 끼워 맞추는 일은 불가능에 가깝고 매우 이기적인 생각입니다. 친구와 내가 '공통점'이 많다는 것은 함께 나눌 수 있는 이야기도 많고, 즐길 거리도 많다는 것이지만 반대로 족쇄가 될 수도 있으니 조심하세요. 나와 생각과 의견이 늘 비슷했던 친구가 어느 날 반대 의견을 내면 배신감을 느끼거나 이젠 내가 싫어진 건지 걱정하는 사람이 있습니다. 그건 친구와 나를 같은 사람이라고 여기기 때문이에요. 그 순간부터 '공통점'이라고 생각했던 것들을 하나하나 되짚으며 상대방을 나와 같은 사람으로 만들기 위해 안간힘을 쓰죠. '공통점'이라 생각했던 것들이 까딱하면 '고통점'이 되는 겁니다. 고통점이 발생하는 순간 마치 바이러스에 감염된 것처럼 친구 관계는 곪고 병들기 시작하죠. 친구와 오래 보려다가 다시는 볼 수 없는 상황이 되는 겁니다. 친구의 모습을 있는 그대로 받아들여 주세요. 친구를 나와 같은 사람으로 만들기 위해 노력하지 말고, 나와는 다른 친구를 통해 내 세상이 더 넓어질 수 있다고 생각해 보세요. 의견 차이가 있다면 다양한 시각으로 세상을 바라볼 수 있는 기회라고 생각하고, 영화 취향이 다르다면 평생 보지 못했을 영화를 볼 수 있는 기회라고 생각해 보세요. 친구를 통해 나의 세상이 넓어지고, 함께 더 오랜 시간을 즐길 수 있을 겁니다.

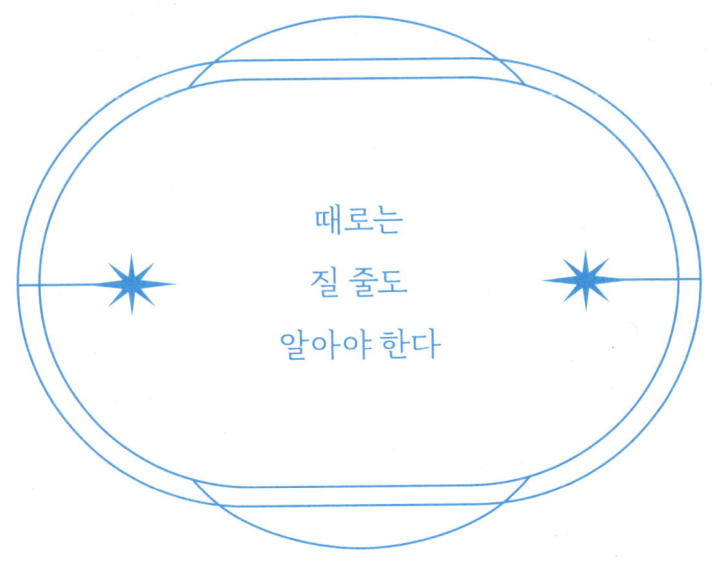

때로는
질 줄도
알아야 한다

　　　　　　인생에서 나를 행복하게 하는 사람을 만나는 것도 중요하지만 나를 불편하게 하는 사람을 피하는 것도 중요합니다. 행복하게 해 주는 사람이 아무리 많더라도 나에게 불쾌한 감정을 주는 사람을 만나면 한순간에 기분이 상하고, 그 사람과 헤어진 뒤에도 불쾌한 감정이 남기 때문이죠. 게다가 인생을 살아가다 보면 불편한 상황을 자주 마주하게 됩니다. 나를 미워하는 누군가 싸움을 걸어 올 때도 있지만, 악의 없이 행동하는 상대방의 모습이 불편하게 다가올 때도 있어요. 문제는 상대방의 말투, 행동이 불편하다고 해서 하나하나 지적하기에는 체력도 모자라고, 싸우고 싶은 마음도 없을 때가 있다는 겁니다. 특히 매일 보는 직장 동료나 상사, 한 번 보고 다시는 마주치지 않은 친구의 친구 등 애매한 관계에서는 싸움을 택하기보다는 무던하게 지나가고 싶은 마음이 큽니다. 그럴 땐 불편한 사람이 누구인지, 왜 그 사람이 불편한지 파악하는 게 중요합니다. 내 인생에 낙서를 하며 훼방 놓는 사람은 불편한 사람이 아닌 소송을 걸어야 하는 사람입니다. 모종의 갈등 후에 사이가 회복되지 않아 같은 공간에 있으면 불편한 사람은 대화를 더 해 보거나, 아예 모르는 사이처럼 지내기로 마음을 정하면 그만이죠. 이처럼 내가 불편해하는 사람이 누군지, 왜 불편한지 떠올리다 보면 상황이 명확해집니다. 그런데 그렇지 않은 상황도 있어요. 누군가 나를 대놓고 무시하거나 투명 인간 취급하는 사람이 있다면 마음이 불편함을 넘어 괴로워집니다. 하지만 나를 무시하는 사람이 힘이 있는 사람인 경우가 많아 화를 내야 할지, 참아야 할지 고민하게 되죠. 그럴 땐 모른 척하고 지내면 됩니다. 단순히 무시하라는 것이 아닙니다. 불편한 상황 속에서 상대방의 말을 무시했다가 상대방이 '넌 나에게 모욕감을 줬어.'라며 더 크게 화를 내거나 상황을 더욱 불편한 방향으로 이끌어 갈 수 있기 때문입니다. 그러니 상황을 악화시키지 않으면서 무던하게 불편한 상황을 넘길 수 있는 방법을 알아야 합니다.

먼저 나만 상대방을 불편해하는 것인지, 상대방도 나를 불편해하는 것인지 고민해 보세요. 누가 먼저 불편해했는지와는 상관없이 내가 누군가를 불편해하는 것을 상대방도 눈치를 채기 마련입니다. 누군가 나를 불편해하는 것을 알아채던 순간을 떠올려 보세요. 불편한 감정을 모를 수가 없습니다. 그런데 둔감한 사람들은 누군가 나를 불편해한다는 사실을 깨닫는 데 시간이 걸리기도 합니다. 그래서 나는 그를 불편해하는데, 그는 아무것도 모른 채 평안한 경우도 있죠. 만약 나만 불편해하는 상황이라면 모르는 척 지나가면 됩니다. 상대방이 무슨 말을 하든, 무슨 행동을 하든 나에게 하는 말이 아니라고 생각하고 넘겨 버리세요. 문제를 제기하고 나의 불편함을 이해시키는 것보다 내가 모르는 척하는 것이 더 빠르고 간편할 겁니다. 애써 문제를 끄집어내어 싸움을 시작하는 일도 없는 것이죠.

문제는 둘 다 불편함을 느끼는 상황입니다. 서로 불편함을 느끼며 촉각이 곤두서 있는 만큼 말과 행동을 조심해야 합니다. 그리고 상대방의 말과 행동에 반응하지 마세요. 싸움은 두 사람이 맞붙어야 성립할 수 있습니다. 한 사람이 상대하지 않는다면 성립할 수 없죠. 그러니 싸우고 싶지 않다면 고개를 돌리세요. 그리고 '질 준비'를 하는 겁니다. 상대방이 싸움을 걸어 오는데 "그래, 네가 이겼다." 하며 결론을 내면 더 이상 싸움이 이어지지 않습니다. 그러니 상대방의 말과 행동에 휘둘리지 말고 적당히 무시하고 져 주세요. 싸워서 잃는 것이 더 많다면 안 싸우는 게 낫습니다. 일본 드라마 중 〈도망치는 건 부끄럽지만 도움이 된다〉라는 드라마가 있는데, 저는 이 드라마의 제목을 참 좋아합니다. 조금 부끄러울지라도 내가 살아가는 데 있어 도움이 된다면 도망치는 것도 좋은 방법입니다. 지는 것도 나를 지키는 방법이 될 수 있다는 것을 기억하세요. 소설이나 영화 속에서는 늘 주인공이 이기지만, 현실 속 우리는 질 때도 있는 겁니다.

무던하게 지내는 것은 져 주는 것보다 어렵습니다. 불편한 사람과 무던하게 지내려면 감정을 배제하고 살아야 하는데 그게 어디 쉽겠습니까. 나를 지키기 위해 뾰족한 가시를 세워 선인장처럼 살거나 작은 바람에도 떨어져 버리는 드라이플라워처럼 살아온 우리가 어느 날 갑자기 가시를 없애거나 바람에 맞서 싸울 수는 없습니다. 대신 차근차근 무던하게 지내는 연습을 해야죠. 무던해지고 싶다면 기대치를 낮추는 연습을 시작하세요. 나를 불편하게 했던 상대방이 포유류가 아닐 수도 있다고 생각하는 겁니다. 상대방이 내가 기대하는 만큼 좋은 사람이거나, 내가 원하는 대로 행동하길 바라지 마세요. 상대방이 기대를 저버리는 순간 우리는 상대방에게 불편한 감정을 갖게 됩니다. 감정 에너지를 소모하게 되는 것이죠. 마흔이 넘은 우리는 다섯 살짜리 꼬마와 싸우지는 않습니다. 꼬마에게 많은 것을 기대하지 않고, 꼬마니까 실수해도 괜찮다는 생각 때문입니다. 그러니 상대방을 포유류가 아니라고 생각하거나 꼬마라고 생각해 보세요. 기대를 낮추는 순간 마음과 관계에 평화가 찾아올 겁니다.

그리고 형식적 친절에 집중하세요. 나와 상대방의 관계를 일종의 역할 놀이라고 생각하고 행동하는 거죠. 꼭 해야 할 말이 있다면 사적 감정을 빼고 정중하게 주고받으세요. 이때 마치 연극을 한다고 생각하고, 상대방과 함께하는 시공간이 연극 무대 위라고 생각하면 됩니다. 나의 역할을 정하면 더욱 좋습니다. 햄릿을 택했나요? 당신은 사망할 겁니다. 〈폭싹 속았수다〉 속 양관식을 택했다고요? 화병으로 조기 사망합니다. 같은 드라마 속 '학씨'라고 불리던 부상길을 택했다고요? 사람들 사이에서 독보적인 '돌은 자'가 될 겁니다. 화를 내지 않으면서도 얕보이지 않는, 정중하고 담백하면서도 일은 잘 해내는 인물을 선택하세요. 연기를 하다 보면 처음엔 어색하게 느껴질지 몰라도 시간이 지날수록 자연스러워질 겁니다. 그리고 역할 '놀이'라고 말씀드렸죠? 경쟁하는 자는 즐기는 자를 이기지 못합니다. 불편한 관계를 피할 수 없다면 즐기세요.

불편한 사람을 마주하고 나면 나름의 스트레스가 쌓일 겁니다. 그때마다 스트레스를 해소할 수 있는 나만의 '안심 버튼'을 만드세요. 때로는 져 주고 때로는 역할 놀이를 하며 불편한 상황을 지나 보낸 뒤에는 나만의 안심 버튼을 누르세요. 불편한 상황이 종료되었다는 상징적 행위를 함으로써 안심해도 된다는 신호를 보내는 겁니다. 손을 씻거나 물티슈와 같이 책상 위의 특정 물건을 만지는 행위도 좋습니다. 불편했던 감정을 유지하는 것이 아닌 새로운 감정을 느끼며 나만의 하루를 꾸려 나가는 것이 중요합니다.

불편한 관계를 무던하게 넘기는 방법은 언제까지나 지속할 수 있는 방법은 아닙니다. 언젠가 불편한 관계를 더 이상 두고 볼 수 없어서 해결해야겠다고 마음먹는 때가 오죠. 그땐 용기와 타이밍, 지혜를 갖추세요. 불편한 사람에게 나의 입장을 어떻게 전달해야 할지 고민하고, 여러 가지 상황을 고려하며 용기를 갖추세요. 상대방과 관계가 틀어지거나 싸우게 되더라도 불편한 관계를 바로잡는 것이 필요하다면 당당하게 맞설 용기가 필요합니다. 또한 나만 상대방을 불편해하는 것이 아니라 상대방도 나를 불편해하는 경우 두 사람의 감정이 끓어오르지 않을 때를 노려 이야기를 꺼내는 것을 추천합니다. 그래야 대화가 감정적으로 번지는 것을 막고 이성적으로 대화함으로써 오해를 줄이고 서로를 수용할 가능성이 커지니까요. 대화를 할 때는 나의 감정과 생각을 부드럽게 표현하며 절제할 수 있는 지혜가 필요합니다. 나는 그저 화를 내지 않고 강하게 표현했을 뿐인데 상대방이 왜 화를 내냐고 묻는 상황,

혹은 그 반대 상황을 한 번쯤은 겪어 보았을 겁니다. 내 말의 의도가 상대방에게 그대로 전해지는 것은 당연한 일이 아닙니다. 그러니 한마디를 하더라도 신중하게, 부드럽게 전하는 지혜를 발휘하세요.

 불편한 상황을 지나 보내기 위한 과정은 영웅이 자신의 적을 처치하기 위해 자신을 낮추고 갈고닦는 과정과 유사합니다. 치열하게 고민하고 신중하게 행동한다면 불편한 상황을 무던하게 넘기고, 나아가 불편했던 관계를 회복할 수 있을 겁니다. 여러분의 용기 있고 지혜로운 관계 발전을 응원합니다.

5장

품격의 기술

— 결국 남는 건 태도다

이럴 거면
부모님께
전화하지 마라

부모님께 전화 자주 드리나요? 혹시 잔소리가 두려워 전화기를 들지 못하고 있나요? 어쩌다 한 번씩 고민 끝에 용기를 내 전화를 해 보면 짧은 대화를 이어가는 것도 쉽지 않습니다. 부모님의 레퍼토리도 늘 똑같죠. 영화 〈살인의 추억〉 속 대사처럼 '밥은 먹고 다니냐?'라고 툭 던진 말이 걱정이 아닌 '너는 어디서 도대체 뭘 하고 다니는 거냐?'라는 타박처럼 들리는 날에는 날 선 대화로 통화가 마무리됩니다. 마음이 비뚤어진 것인지, 이 나이 먹도록 여전히 불효자인지 가늠할 수 없는 묘한 감정은 다른 질문에도 연결됩니다. 몇 차례 뜸을 들이다 겨우 뱉은 부모님의 '언제 오냐?'라는 말은 듣기에 달콤하진 않지만 보고 싶다는 표현임을 알면서도 닦달처럼 느껴지기도 합니다. 마치 사춘기 반골 기질이 올라오듯 '어련히 알아서 갈 텐데.' 하며 마음속 브레이크를 밟게 됩니다. 가장 피하고 싶은 말인 '너 앞으로 어떻게 할 거냐?'라는 말을 듣는 순간에는 부정적인 감정이 들끓으며 부모님께도 여쭙고 싶어집니다. '부모님은 앞으로 어떻게 하실 겁니까?' 차마 입으로 말할 수 없는 말이 목구멍까지 올라오죠. 부모님의 염려와 걱정인 줄 알면서도 무지몽매한 말로 들리고 심지어 고깝게 느껴집니다. 결국 짜증을 내고 나면 마치 망나니가 된 것 같죠. 망나니는 '마구 낳은 이'라는 의미에서 기원한 말로 말과 행동을 서슴지 않고 막 하는 사람을 의미합니다. 망나니가 되고 싶은 사람은 없을 겁니다. 인정받지는 못하더라도 적어도 '괜찮은' 자녀가 되고 싶은 마음은 전 세계 자녀들의 공통 소망이죠. 반대로 어느 부모도 자식을 막 낳지도, 막 키우지도 않습니다. 오히려 청춘을 갈아 넣고 세월과 심장 박동을 욱여넣어 자식들 걱정으로 세월 주름을 얻죠. 세월 속에 나이 들며 부모님의 사랑을 깨달았음에도 전화 너머로 들리는 부모님의 목소리 앞에 짜증이 솟거나 얼어붙는 이유는 무엇일까요?

부모님을 감정 안전 지대라고 인식하기 때문입니다. 어려서부터 나의 투정을 다 받아 주던 부모님은 함께한 수많은 시간 동안 나의 부정적인 감정을 모두 받아 주었습니다. 오랫동안 이어진 이 관계 패턴으로 인해 머리에 흰머리가 성성해지고, 나 또한 사회에서 성인 취급을 받는 어른이 되었음에도 부모님을 감정 안전 지대라고 생각하는 것이지요. 일상생활을 하며 피로와 스트레스가 누적된 상태에서 누군가 지시하고 명령한다고 느끼거나, 우선순위가 아닌 일에 대한 요청을 받으면 억눌렸던 스트레스가 솟구쳐 올라옵니다. 그리고 무의식적으로 감정 안전 지대라고 판단한 곳에 부정적인 감정을 드러낸 겁니다. 부모님의 전화는 내 상황을 들여다보고 있는 듯 타이밍도 절묘합니다. '하필 왜 지금 전화하시지? 일부러 그러나?' 하는 생각과 함께 하지 말았어야 할 말까지 쏟아 내게 되죠. 그러고는 이미 마음이 상한 부모님의 작아진 목소리와 알았다는 말을 듣고 나서야 후회가 몰려옵니다. 전화를 끊고 한숨을 쉬며 다음 전화를 기약하는 일이 반복되죠.

이러한 대화 패턴이 반복되는 또 다른 이유는 바로 '예기 대화 패턴' 때문입니다. 이 말은 제가 만든 말인데 이전의 대화 내용을 바탕으로 대화 패턴을 파악해 앞으로도 비슷한 패턴으로 대화할 것이라 예상하는 것을 말합니다. 예를 들면 부모님의 전화를 받기 전이면 '또 잔소리하시려나? 언제 오느냐고 물으시려나?'라며 앞으로의 대화를 예측하는 것이죠. 전 생애에 걸친 통화 역사 속에서 부모님이 나에게 했던 걱정, 우려, 조언, 금지 등 모든 것들은 '잔소리'로 수렴됩니다. 그래서 나를 진심으로 이해하지 못하고 부모님의 입장에서 전달하는 말은 이번에도 못마땅할 테고, 당연히 이전 대화가 반복될 것이라는 생각에 부모님이 무슨 말을 하든 자동 응답기처럼 일단 짜증을 내는 것입니다.

부모와 대화할 때 유독 부정적으로 대답하는 사람 중에는 부모에 대한 근원적인 불신을 마음속 깊이 숨겨 둔 경우도 있습니다. 부모라고 늘 완벽한 인품과 성숙함을 가지고 있을까요? 아닙니다. 그들도 인간이기에 완벽하지 않고 미숙할 때도 있습니다. 이 미숙함은 자녀에게 상처를 주기도 하고, 때로는 깊은 고통의 역사의 시작점이 되기도 하죠. 나이 든다고 지혜로워지는 것이 아니기에 나이만 먹은 부모도 있죠. 부모는 내가 선택한 게 아니니 그저 아쉬울 뿐입니다. 다행인 것은 인간은 자신에게 어쩔 수 없이 주어진 것으로 30퍼센트의 인생을 살고 나머지는 70퍼센트의 인생은 스스로 선택하며 살아간다는 것입니다. 그러니 부모가 만족스럽지 않다는 생각에 매여 있지 말고, 내가 선택할 수 있는 것을 떠올리며 만족스러운 미래를 만들어 가세요. 우리는 우리의 삶을 살아가는 겁니다. 다만 나에게 헌신했던 부모든 나를 밀어냈던 부모든 사람으로서 나의 도리를 다하는 게 중요합니다. 자식으로서, 사람으로서 도리를 다하고 싶다면 전화를 받을 때 이렇게 말해 보세요. "오, 어머니, 잘 지내셨어요?", "오, 아버지, 오늘 별일 없으셨어요?" 핵심은 '오!'입니다. 반가움의 감탄사, 짧은 기쁨의 호흡으로 상대방에게 고맙고 사랑하는 마음을 전하는 겁니다. 환대의 첫마디인 것이죠. 악센트를 넣고 첫 호흡에 힘을 주어 '오!'라고 말한 다음에는 어떤 말이든 상관없습니다. 안부 전화를 할 때는 상대방이 얼마나 잘 사는지에 대한 '안부'

가 아닌, 안부를 주고받는 사람의 '정서'에 방점을 찍어야 합니다. 상대방이 나를 얼마나 보고 싶어 하는지, 마음에 두었는지 그 마음을 헤아려 보세요. 안부 전화를 거는 사람은 상대방이 지금 이 전화를 얼마나 기다렸는지 궁금한 마음을, 그리고 혹시나 싫어하지는 않을지 걱정되는 마음을 담아 전화를 겁니다. 그러니 그 마음에 보답해 주세요. 더도 말고 덜도 말고 '오!' 딱 한 글자면 됩니다. 부모님의 전화에 냉정하게 대답할 때도 있겠지만 부모님의 하루를 상상해 보세요. 부모님은 여전히 활동적이고 건강하지만 동시에 은퇴를 한 이후 이전에 비해 할 일이 줄어들면서 종일 특별한 일을 기다릴 겁니다. 자녀의 안부 전화는 하루 중 가장 큰 일이 될 수도 있죠. 그렇기에 전화를 걸 때의 기대도 크고, 냉정한 목소리에 대한 섭섭함도 클 겁니다. 통화가 짧아도, 내용이 없어도, 끊고 며칠 뒤 전화하지 못한다고 해도 괜찮습니다. '내가 당신의 전화를 기다렸습니다. 이 전화를 받는 것에 기뻐합니다.'라는 마음을 간절하고도 분명하게 전하시기 바랍니다. '오!'라는 답을 받은 부모는 '오!'로 안심하고 '와!'하며 기뻐할 겁니다.

나이만 먹는다고
다 어른이
되는 것은 아니다

　　　　사람들은 모두 자신이 아직 철들지 않았다고, 어른이 되지는 못했다고 말합니다. 하지만 마흔이 넘어가면 주변에서 나를 어른으로 대합니다. 어느덧 어리지 않은 나이가 되었고, 직장에서도 낮은 직급이 아니니 그에 맞는 역할을 다하길 기대하는 것이죠. 나이가 든다고 다 어른이 되지는 않는다는 겁니다. 어른은 나이가 아닌 역할로 정해지죠. 그러니 어른이란 무엇인지 어른의 말과 행동, 몸가짐에 대해 생각해 보아야 합니다. 물론 사람마다 어른에 대한 정의와 어른에게 기대하는 바가 다릅니다. 그런데 어른이라는 것이 따로 있을까요? 어른을 너무 큰 존재로 생각하지 마세요. 배울 점이 많지는 않더라도 다른 사람을 불편하게 만들지 않고, 나만의 중심을 잡을 수 있는 사람이라면 이미 어른이 된 겁니다. 그렇다면 지금부터 어른이 되기 위해 지켜야 할 최소한의 노력은 어떤 것이 있을지 알아볼까요?

먼저, 말을 조심하세요. 욕설은 당연히 금지이며 누군가를 흉보거나 소문에 말을 얹지 마세요. 모두 나에게 돌아옵니다. 자리에 없는 사람 이야기는 하지 말고, 타인의 이야기를 할 때는 자신이 하는 이야기가 자신에게 돌아온다면 어떨지 가늠해 본 뒤 입 밖으로 내뱉으세요. 마흔 즈음 되면 자리에 없는 사람에 대해 이야기하는 사람을 멀리하게 됩니다. 자신의 삶에 재미를 느끼지 못해 타인의 이야기를 하는 사람 또는 타인에 대해 쉽게 말하는 사람이라는 생각이 들면서 그 사람에 대한 호감도가 낮아지죠. 나에게 타인을 흉보던 사람이 다른 자리에서 나를 흉보지 않을 거라고 어떻게 장담할 수 있나요? 그러니 말을 조심하세요. 남에게 피가 되고 살이 되는 말을 하는 것보다 남을 해하는 말을 하지 않는 것이 더 중요합니다. 눈 감았다 뜨니 금방 마흔이 되었지요? 그렇다면 일흔이 되는 것도 금방입니다. 마흔에도 말을 조심하지 못하는 사람의 미래는 반드시 혼자일 겁니다. 사람들과 함께하는 일흔을 맞이하고 싶다면 지금부터 나를 가꾸세요. 마흔은 성숙한 인품으로 세상에 채용되는 나이입니다. 어린 시절 치기 어린 성장기는 끝났습니다. 정신 차리세요. 어느 누가 타인을 깎아 내리기 바쁜 마흔을 받아 줍니까. 어느 관계가 그런 마흔을 친구로 맞이하겠습니까. 말은 스스로 선택할 수 있는 영역입니다. 욕을 하고 흉을 보며 미성숙한 사람으로 살 것인지, 필요한 말, 해가 되지 않는 말을 하는 어른으로 살 것인지 결정하세요.

두 번째로, 부끄럽지 않은 어른이 되고 싶다면 분노를 폭발적으로 표출하지 마세요. 가족, 친구, 동료 등 주변 사람과 감정적으로 지나치게 얽혀 살아가다 보면 분노와 우울, 불안과 같은 부정적인 감정이 앙금처럼 가슴 깊은 곳에 남습니다. 그런데 그 부정적인 감정을 엉뚱한 곳에 풀며 일종의 '화풀이'를 하는 사람이 있습니다. 길거리에서 멱살을 잡거나 말싸움에 이어 몸싸움으로 시선을 사로잡는 이들 중에는 그런 경우가 많습니다. 싸울만 했으니 싸웠겠지 싶지만 자세히 들여다 보면 대부분 분노를 조절하지 못하고 과하게 표출하고 있죠. 이는 감정을 처리하는 데 미숙한 상태에서 부정적인 감정이 억눌려 있다가 한 번에 폭발했기 때문입니다. 분노를 표출할 당시에는 자신이 옳다고, 후회가 남지 않을 것이라 생각할 수 있습니다. 하지만 시간이 지날수록 부끄러움과 후회의 감정에 사무치죠. 조금 더 원만하게 분노를 표출할 방법은 없었는지 고민하게 됩니다. 이제 마흔이 되었다면 감정을 완벽하게 조절하지는 못하더라도 자신의 감정을 알아차리고, 이를 적절하게 표현할 수 있는 방법을 찾아야 합니다. 숨을 천천히 쉬거나 맛있는 음식 먹기, 좋아하는 노래를 듣거나 분노를 느낀 공간에서 벗어나기 등 다양한 방법이 있을 수 있습니다. 100세까지 살아야 하는 시대라면, 앞으로 60년이나 남았으니 늦지 않았습니다. 지금부터라도 자신만의 분노를 해소하고 적절하게 표현하는 방법을 찾아보세요.

세 번째로, 자기 비난을 멈추세요. 자기 성찰과 자기 비난은 다릅니다. 둘 다 자신을 바라보고 평가하는 행동이지만 심리적 기능이 매우 다릅니다. 자기 성찰은 자신의 생각과 감정,

행동에서 한 발짝 물러난 채 내가 왜 그 선택을 했는지, 그 선택을 통해 무엇을 배울 수 있었는지를 탐색하는 과정이지요. 반면 자기 비난은 자신의 실수와 단점에 집중해 자신을 엄하게 대하고 심하게 질책하는 과정입니다. 때문에 자기 성찰은 나를 되돌아보고 성찰하게 만들지만 자기 비난은 스스로를 자책하게 만들고 기를 죽입니다. 이러한 자기 비난으로 스스로를 갉아 먹지 마세요. 지금까지 잘 살아온 내가 얼마나 기특하고, 잘 버티고 있는 스스로가 얼마나 대견합니까? 다른 사람이 내 인생의 노력과 기여를 얼마나 알아주겠습니까. 때로는 벅찼고 자주 숨찼던 시간 속 나름대로 최선을 다해 살아온 나를 사랑해 주세요. 살아온 시간만큼 나만의 경험과 생각, 힘이 쌓였을 겁니다. 그냥 흘려 보내는 삶은 없습니다. 지난 세월이 한 순간도 빠짐없이 만족스러울 수는 없겠지만 지금의 나를 만든 수고와 노력의 과정이었습니다. 넘어져도 다시 일어나고, 힘들어도 주먹 불끈 쥔 채 살아온 40년을 부정하고 폄하하지 마세요. 14,610일의 노력과 350,640시간의 경험을 인정해 주세요. 지금 당장 손을 들고 자신의 얼굴을 어루만지고 머리를 쓸어 주면서 말해 주세요. '너, 잘했다. 기특해, 신통해,

훌륭해!' 여러분은 충분히 그럴 자격 있습니다.

어른들을 올려다보며 멋있다고, 저런 어른이 되고 싶다고 생각했던 것이 엊그제 같은데 벌써 마흔이 되어 어떻게 어른이 되어야 하는지 고민하고 있자니 묘한 기분이 들지요? 이제 어른으로서 나만의 지도를 그리며 나를 돌아보고, 칭찬할 때가 왔습니다. 잠시 눈을 감고 나의 삶을 다시 돌이켜 보세요. 인생을 사계절로 보았을 때 마흔은 가을로 접어드는 시기입니다. 화려한 꽃을 피운 20대와 30대를 지나 맞이한 나만의 열매를 맺는 시간입니다. 이 시기에 엉뚱한 일이 벌어지면 심리적인 위기가 찾아올 뿐 아니라 삶의 질도 떨어지기 쉽습니다. 마흔 이후가 전 생애 중 가장 큰 도전기이기 때문입니다. 인생의 막다른 골목이 아닌 인생의 독립, 성공, 성취, 인정 같은 외적 결과를 쫓으며 사회적으로 자아Ego가 가장 팽창하는 때지요. 동시에 자신의 성취 과정과 결과가 옳은지 자꾸만 되묻게 되는 시기이기도 합니다. '이렇게 사는 게 맞나?'라는 생각이 머릿속을 지배하죠. '삶에도 지도가 있었다면 얼마나 좋았을까?'라고 생각하시지요? 혹시 지금도 지도를 찾고 있지는 않나요? 삶의 지도는 누군가 나를 대신해 만들어 줄 수도 없고,

타인의 삶은 나의 삶과 다르기에 타인의 지도를 본다 한들 해답을 찾기는 쉽지 않습니다. 내 인생의 지도는 내가 만들어 가는 겁니다. 지도를 만들기 위해서는 자신의 인생을 멀리서 조망해야 합니다. 지금의 자리에서 위로 올라가면 내가 지나온 인생 미로를 내려다보게 되지요. 위에서 내려다볼 수 있는 사람만이 인생의 지도를 갖게 됩니다. 그리고 지도가 있어야만 올바른 방향을 찾으며 삶 속에서 벌어지는 사건에 매몰되지 않고 내가 선택한 길로 갈 수 있지요. 이처럼 내 인생 지도는 내가 만들어야 한다는 걸 깨닫는 나이가 바로 마흔입니다.

나의 삶을 돌아보며 궤적을 그려 보는 것도 중요하지만, 더 중요한 것은 내게 발생한 일에 매몰되지 않는 것입니다. 나를 압도하던 인생의 사건들, 아직도 채워지지 않은 결핍의 자리, 압도적인 세상 앞에서 느낀 무력감, 멱살 잡혀 살아온 삶의 여정들을 생각하면 힘들고 지치지요. 그러나 여기서 핵심은 사건, 결핍, 무력, 멱살이 아니라 '나'입니다. 그 모든 여정에 내가 있었다는 사실이고, 그 모든 환경 속에서도 최선의 선택을 하기 위해 끊임없이 발버둥 치고 노력하며 여기까지 왔다는 점입니다. 만약 내게 발생한 일에 매몰된다면 인생이라는 숲에서 길을 숱하게 잃었을 겁니다. 남의 땅에 만들어진 미로 속에 살았을 테니 말입니다. 이젠 내게 생긴 일에 매몰되지 말고 그 일들을 견디며 여기까지 걸어온 나의 존재에 집중하며 나만의 지도를 만들어 가길 바랍니다. 그러다 보면 어린 시절에 상상했던 어른이 되어 있을 겁니다.

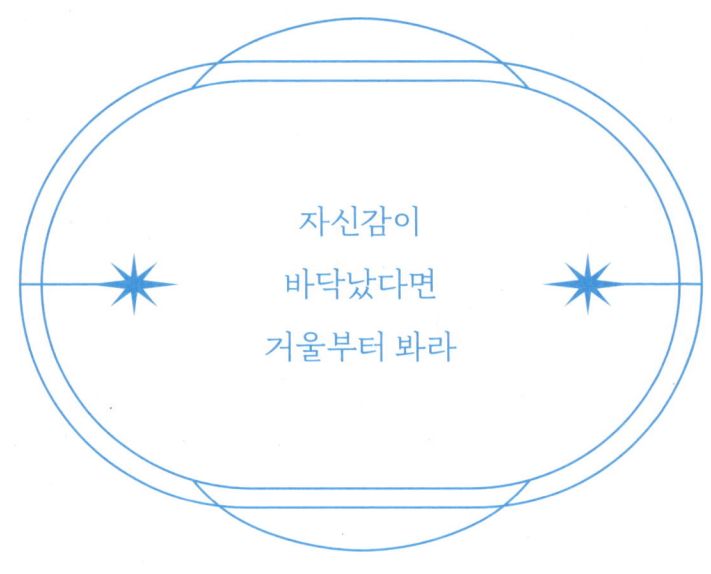

자신감이
바닥났다면
거울부터 봐라

나이 들면서 고민과 주름이 늘고, 피부가 탄력을 잃으면서 처지니 거울을 볼 때마다 한숨도 늘어납니다. 인간의 성장은 25세까지이고, 이후 남은 생애 내내 노화가 진행된다는 사실을 부정하고 싶어지죠. 다행스럽게도 비극적 진실 앞에서 과학과 의학이 방패가 되어 주는 세상이 되었습니다. 늘어지는 피부는 화장품이, 주름진 미간은 보톡스가 해결해 주죠. 이외에도 노화를 방지하거나 개선하기 위한 시술과 수술이 자연스레 행해지는 세상은 참으로 살 만합니다. 그러나 사회적 젊음은 다릅니다. 이제 사회적으로 마냥 어린 나이가 아니기에 실수에도 변명이 통하지 않습니다. 2030 세대 후배들이 치고 올라오는 마당에 신입도 아닌, 경력직이거나 중간 관리자가 된 마흔의 실수는 위아래 사람들의 비난 대상이 됩니다. 위에서 누르고 아래에서 치받으면서 가운데에서 국물이 쭉 나오는 샌드위치 시기가 시작된 겁니다. 이처럼 할 일과 책임이 많아진 시기, 어깨가 무거워지기 시작하는 시기에 행하는 외모 관리는 사회적 신뢰도와 경쟁력을 상징합니다. 사회적 신뢰를 얻고 경쟁력을 높이기 위해서는 외적으로 보이는 모습을 나의 이미지와 역할에 맞게 정돈해야 합니다. 특히 옷은 '사회적 언어'이기 때문에 옷을 차려 입는 행위는 사회적 자산으로 작동합니다. 옷은 그 사람의 이미지를 만들기도 하고 취향이나 내면이 드러내기도 하죠. 돋보이고 싶은 사람은 눈에 띄는 옷으로, 깔끔한 성격을 가진 사람은 정갈한 옷으로 스스로를 드러냅니다. 한마디로 옷은 나를 나타내는 가장 직접적인 표현인 겁니다. 이처럼 옷은 나의 전반적인 이미지와 내면을 드러낼 수 있기에 타인에게 어떤 방식으로 나를 표현하고 싶은지 고민하고, 그에 맞는 옷을 차려 입는 것이 좋습니다. 그리고 스스로를 위해 시간과 돈, 노력 등을 투자하는 것은 자존감을 높이기에도 좋습니다. 타인에게 보여주고 싶은 이미지에 따라 어울리는 옷을 찾다 보면 자신의 모습을 들여다보며 타인에게 어떻게 보이고 싶은지, 나의 사회적인 역할은 무엇인지에 대해 고민할 수 있습니다. 그리고 타인에게 나를 드러내는 외적인 모습을 관리함으로써 자기 발전에 대한 관심과 스스로를 위해 투자하고 있다는 자부심을 얻고, 성장하고 나아가기 위한 노력을 통해 자존감을 높일 수 있습니다.

한때 외모를 관리하는 행동은 마치 여성의 전유물처럼 여겨졌습니다. 하지만 현대에는 성 역할에 대한 고정 관념이 변하면서 남성이 외모를 관리하는 일이 드물지 않습니다. 패션과 미용에 아낌없이 투자하는 남성을 일컫는 '그루밍족', 미용과 패션에 관심을 보이고 자기 발전과 젊은 감각을 추구하는 신세대 중년 남성을 일컫는 '노무족', 외모에 관심이 많고 자신을 위해 적극적으로 투자하는 30대부터 50대까지의 남성을 이르는 '로엘족' 등 다양한 신조어도 생기고 있죠. 나아가 미적으로 아름다움을 추구해야 한다는 강박에서 벗어나 각자의 편의에 맞춰 개성와 매력을 드러내는 방향으로 사회적 분위기가 변화하고 있습니다. 이러한 사회적 변화가 지향하는 바는 중년의 자기 돌봄 의식이 변화했음을 보여 줍니다. 요즘 중년은 자신의 외면을 돌보고 가꾸며 열렬한 자기 사랑에 불을 지핍니다. 사회적, 신체적으로 노화를 인지하게 된 후부터 거울을 자주 보고, 영양제를 챙겨 먹게 되는 마흔에게 자기 돌봄은 스스로를 지키는 무기가 되기도 하고, 자신에 대한 식지 않는 사랑을 만들어 주는 자기 돌봄이자 자기 기쁨의 시작이 될 수 있습니다. 때문에 외모를 가꾸는 것은 내적으로나 사회적으로나 매우 중요한 적응 과정이자 자기 돌봄 과정입니다. 스스로의 내면뿐만 아니라 외면도 가꾸세요. 기꺼이 시간과 노력을 들여 가꾸세요. 그 모든 과정이 나의 삶을 빛나는 정원으로 만들 겁니다.

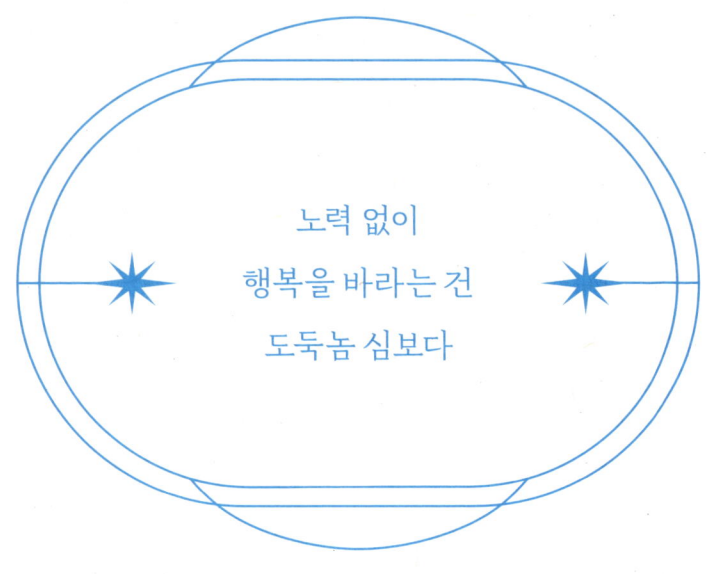

노력 없이
행복을 바라는 건
도둑놈 심보다

40대가 되어 동창회에 가 보면 명함을 먼저 내놓는 사람도 있지만, 안부에 대해 물으면 슬그머니 말수가 줄어드는 사람도 있지요. 일절 집안 얘기를 안 하는 사람도 있지만, 앉자마자 가족 얘기부터 꺼내는 사람도 있습니다. 그리고 모두 '행복'을 말하고 있는 듯합니다. 이만큼의 성공이, 이 정도의 부가, 이런 수준의 가족이 내가 행복하다는 것을 보여 주는 중요한 척도인 것이지요. 그러니 성공에도, 부에도, 가족에도 만족스러지 못한 사람은 스스로를 향해 혼자 읊조립니다. '젠장, 나는 언제 어떻게 행복할 수 있을까?' 이처럼 한 방으로 삶을 뒤집을 수 있는 '생애 로또'가 간절한 시기가 바로 40대입니다. 누군가는 주식에 성공해 돈을 많이 벌기도 하고, 누군가는 자수성가해 돈과 명예를 얻기도 하죠. 꼭 돈과 명예가 아니더라도 행복한 가정을 이루는 등 성공은 다양한 모습으로 나타납니다. 하지만 문제는 그 성공이 나의 몫이 아니라는 겁니다. 어쩐 일인지 나를 제외한 친구, 지인 들은 모두 잘 먹고 잘 사는 것처럼 보입니다. 드라마나 영화를 보면 평범하거나 때로는 보잘 것 없이 그려지던 주인공이 전혀 다른 존재가 되어 특별한 능력을 발휘하곤 합니다. 나에게도 그런 날이 찾아오지는 않을까 가슴 설레는 상상을 하며 시간을 보내던 사춘기 시절을 지나, 이제는 그런 날이 찾아오지 않는다는 것을 누구보다 잘 알고 있습니다. 마흔이라는 나이는 참 떫지요? 피터 팬이 되어 하늘을 날기에는 배가 너무 나왔고, 빌 게이츠가 되어 세상을 바꾸기에는 늦은 것처럼 느껴집니다. 마흔 넘은 나에게 행복한 인생을 만들 기적이 일어날 수 있을까요? 있습니다!

일단 내가 꿈꾸는 '인생의 장르'를 바꾸세요. 멜로나 히어로 장르에 대한 환상에서 벗어나세요. 물론 달콤한 사랑 이야기 혹은 멋지게 세상을 구하는 짜릿한 순간이 언젠가 나에게도 올 수 있겠지요. 하지만 그것보다 현실적으로 꿈꿀 수 있고, 노력으로 실현할 수 있는 장르를 선택해 더 빠르게 행복에 가까워지자는 겁니다. 그러려면 다큐로 시작해야 합니다. 눈을 부릅뜨고 현실의 나를 바라보세요. 그래야 자기 돌봄적 질문을 시작할 수 있습니다. 인생의 장르를 다큐에 맞췄다면 '조금 더 행복해지기 위해 무엇을 할 수 있지?'라고 질문하세요. 행복해지기 위해 필요한 것이 아닌, 행복해지기 위해 내가 할 수 있는 것을 세어 보세요.

행복해지기 위해 내가 할 수 있는 것을 알고 싶다면 나의 '행복 점수'를 확인해야 합니다. 행복한지, 행복하지 않은지를 생각하는 것이 아니라 내가 얼마큼 행복한지에 대해 고민하고 이를 수치로 표현해 보는 겁니다. 그리고 내가 얼마나 행복해지고 싶은지 '소망 행복 점수'를 떠올리며 그 차이를 메울 수 있는 방법을 생각하다 보면 내가 할 수 있는 일이 무엇인지 알 수 있습니다. 아래의 질문지는 제가 상담할 때도 활용하고 있는 마음 점수 확인표입니다. 각 질문에 답을 하며 여러분의 행복 점수를 찾아보세요.

마음 점수 확인표

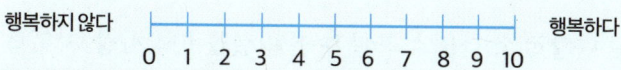

행복하지 않다　0　1　2　3　4　5　6　7　8　9　10　행복하다

1. 여러분의 현재 행복 점수는 몇 점인가요?
2. 여러분의 행복 점수가 몇 점이었으면 좋겠나요?
3. 현재 행복 점수와 소망 행복 점수는 몇 점이나 차이가 나나요?
4. 현재 행복 점수에서 1점을 더하기 위해서는 무엇이 필요한가요?
5. 현재 실행할 수 있는 것 중 행복 점수를 1점 더할 수 있는 것은 무엇인가요?

　행복감이 낮은 사람은 현재 행복 점수에 대해 묻는 1번 항목에 2~3점이라 답하고, 소망 행복 점수에 대해 묻는 2점 항목에 8~9점이라 답합니다. 평균 6점 정도의 차이를 보이는 것이죠. 혹시 점수가 낮거나 현재 행복 점수와 소망 행복 점수의 차이가 클지라도 좌절하지 마세요. 대신 앞으로 살아가면서 내가 행복을 느낄 수 있는 일이 더 많아질 거라는 기대를 갖고 한 걸음씩 차분히 나아가 봅시다.

이제 4번에 적은 것들을 찬찬히 살펴볼까요? 4번에 적은 것을 어떻게 가질 수 있을지에 대해 고민해 봅시다. 만약 건강해지고 싶다고 적었다면 스스로 '어떤 것을 하면 건강해질까?'라는 질문을 던지세요. 수면과 운동을 외친 분들이 많을 텐데요. 수면이 우선이라면 수면 시간, 수면 방식 등 수면과 관련된 다양한 조건을 바꾸며 수면의 질을 향상시킬 수 있습니다. 반대로 운동이 우선이라면 다양한 운동 종류와 방식에 대해 찾아보고, 나의 생활 패턴과 조합해 운동하는 시간을 만들면 됩니다. 헬스, 수영을 비롯해 세상에는 수많은 운동이 있고, 시간이 부족하다면 집 주변을 걷거나 뛰는 것도 건강에 많은 도움이 될 겁니다.

이처럼 내가 할 수 있는 것들이 무엇인지, 어떻게 해야 할 수 있을지 고민하며 행복에 대한 계획을 차근차근 세우고 실천하세요. 나의 작은 계획과 실천의 합이 곧 행복이자 기적입니다. 계획을 세우는 동안 행복할 미래의 내 모습을 상상하며 기쁨을 맛볼 수 있고, 계획한 것을 실천하며 성장하는 나의 모습 속에서 뿌듯함과 효능감을 느낄 수 있습니다. 이 또한 행복 점수를 높이는 데 도움이 될 겁니다.

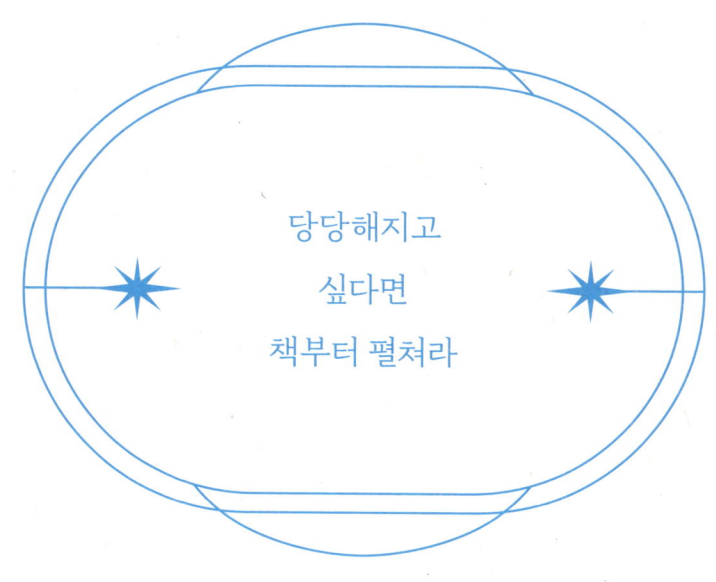

당당해지고
싶다면
책부터 펼쳐라

　　　　　　마흔이 되면 사회적으로 성공한 삶을 살며, 남들 앞에서 기죽지 않고 당당하게 살아갈 것이라 생각했나요? 하지만 마흔에 당당해지기는커녕 기죽지 않는 것조차 쉽지 않습니다. 나보다 잘난 사람은 차고 넘칩니다. 그런 세상 속에서 어깨 펴고 당당하게 살아가기 위해서는 나를 단단하게 지지해 줄 지지대가 필요합니다. 지지대는 어떻게 만들 수 있을까요? 먼저, 인생의 주인이 나라는 사실을 기억해야 합니다. 인생의 주도권을 쥔 최종 결정자가 나라는 사실을 기억한다면 감정의 주인이 되어 불안, 우울, 분노를 조절할 수 있고, 다른 사람의 시선에서 벗어나 나만의 삶을 살아갈 수 있습니다. 과거를 돌이켜 보면 다른 사람의 목소리와 시선 속에서 움직였던 수많은 시간이 떠오를 겁니다. 이상한 사람처럼 보이지는 않을지, 다른 사람에게 민폐를 끼치지는 않을지 우물쭈물하다 놓쳐 버린 기회도 있지요. 이젠 타인의 기준을 벗어 던지고 내 삶의 주인이 될 차례입니다. 물론 내가 선택한 삶이 실패로 이어질까 두려울 수도 있습니다. 하지만 더 이상 실패가 두렵다는 말로 최종 결정을 미루지 마세요. 마흔이라면 살아온 시간 속에서 수많은 성공과 실패를 경험하며 다양한 가능성을 재고 따져 봤을 겁니다. 그 속에서 실패와 성공의 공식도 엿보았지요. 그리고 무엇보다 몇 번이고 넘어지고 실패하면서 다시 일어서는 방법을 배운 나이입니다. 실패해도 툭툭 털고 일어설 힘이 있는 스스로를 믿으세요.

그리고 공부하세요. 이전 세대가 말하는 '평생 직장'이라는 말이 사라지고 있지요. 이전에는 한 직장에 수십 년씩 근무하는 사람이 있곤 했지만 지금은 찾아보기 어려워졌습니다.

많은 이들이 자신의 능력을 바탕으로 원하는 회사를 향해 이직을 거듭하고 있죠. 미래학자 대니얼 핑크는 프리 에이전트 Free Agent 시대가 도래할 거라고 말합니다. 프리 에이전트란 아무 곳에도 매이지 않고 자유롭게 사는 사람을 말합니다. 쉽게 말해 한 조직에서 오래 머무르는 것이 아니라 개인의 능력과 전문성을 바탕으로 자유롭게 조직을 선택하는 시대가 올 것이라는 말입니다. 이는 불안하기도 하지만 기대할 만합니다. 능력이 있다면 얼마든지 기회를 만들 수 있다는 뜻이니까요. 이처럼 엄청난 선택의 세계에서는 꾸준히 능력을 길러야 합니다. 21세기 새로운 변화 앞에서 40대의 대학 졸업장이나 자격증은 낡은 이력이 되었습니다. 자신이 쌓아 온 전문성과 역량으로 버티기에는 치고 올라오는 후배들의 전문성과 역량도 만만하지 않습니다. 능력을 중요시하기 시작하면서 지식 인플레이션 시대가 시작되고 경험의 가치가 하락하게 된 겁니다. 시대마다 새로운 기술과 지식은 늘 존재합니다. 새로운 기술을 얼마나 빠르게 익히고 습득하여 활용할 수 있는지가 관건이죠. 변화하는 시대 속에서 20대, 30대에게 뒤처지지 않고 발맞춰 기술과 지식을 익히고 습득하려면 끊임없이 공부해야 합니다. 그런데 공부를 해야겠다고 마음먹으면 머릿속에는 물음표가 하나 떠오릅니다. '무슨 공부를 해야 하나?'라는 의문이 생기는 것이지요. SNS나 유튜브 등을 통해 트렌드가 빠르게 확산하며 변화하고 있고, 무언가 하나를 배워야겠다고 마음먹을 즈음이면 새로운 트렌드가 닥쳐옵니다. 변화하는 속도를 가늠하기도 어려울 정도의 시대가 되었지요. 후배들은 챗GPT 등 상상도 해보지 못한 정보력과 기술력을 뽐내며 치고 올라오는데, 40대가 되면 인공 지능 등 최신 기술과 지식이 익숙하지 않다 보니 받아들이는 데도 시간이 걸립니다. 이러한 역전의 기운 앞에 우리는 계속 밀리고, 꿀리기를 반복하면서 움츠러들게 됩니다.

그럴 땐 독서를 하세요. 인터넷에서 수많은 지식을 찾을 수 있고, 글 작성과 그림 그리기까지 가능한 인공 지능이 등장한 세상에 독서가 도움이 될까 싶을 수도 있습니다. 그러나 독서는 단순히 지식을 전달하는 것이 아닌 독자가 책 속 지식을 포괄하여 자신만의 독창적인 방식과 내용으로 이해할 수 있는 매체입니다. 스스로를 성장시키며 정보를 습득할 수 있는 것이죠. 또한 독서는 심리적 포만감을 주는 행위 중 하나입니다. 심리적 포만감은 스트레스 해소나 일시적 만족이 아닌 자존감과 관계력, 삶의 의미와 성취, 정서적 안정을 균형 있게 유지시키며 내면을 안정적으로 만듭니다. 덕분에 위기를 맞닥뜨리더라도 자신을 단단하게 지켜 내는 심리적 근육을 키울 수 있지요. 단단해지고 싶다면 독서를 통해 지식과 내면을 채우며 지지대를 세우세요. 심리적 포만감이 없다면 폭풍처럼 흔들리는 세상에 이리저리 끌려 다니며 자신을 잃고야 말 겁니다. 또한 독서는 자신을 지키는 방식이자 타인에게도 관대해지는 과정입니다. 지식은 가장 효율적인 방식으로 내면에 흡수되어 관대하고 지혜로운 인간의 면모를 갖추게 할 겁니다. 마흔에 어른의 면모를 갖추며 덜 불안하고 더 성숙하고 당당하게 살고 싶다면 독서를 시작하기 바랍니다. 잡학다식을 통해 다채로운 생애 지식 뷔페를 누리며 20세기 인간의 성취와 성장을 가져 왔던 독서 혁명의 수혜자로서 다시금 활자를 통한 심리적 르네상스를 경험하기 바랍니다.

마흔에는
달라지고 싶다면
오늘부터 바꿔라

     마흔에 달라져야 하는 이유는 더 이상 어리광을 부릴 수 없는 나이이기 때문입니다. 아직도 스스로를 어리다고 생각한다면 그건 '퇴행'입니다. 누가 당신을 어리게 보며, 어떤 사람이 마흔을 어리다 말합니까. 누구나 당신을 어른이라 말하고, 성인으로 봅니다. 여러분이 죄를 지어도 청소년이 아닌 성인으로서 재판을 받게 되니 물리적으로나 법적으로나 마흔은 성인입니다. 그리고 어른은 치기 어린 시절

과는 달라야 하죠. 성인에게 요구되는 사회적 역할을 해내야 합니다. 처음 일을 시작한 날로부터 지금까지 얼마나 많은 시간이 흘렀는지 손가락을 펼쳐 세어 보세요. 그리고 자신의 직급을 떠올려 보세요. 짧게는 5년에서 길게는 15년 이상 일을 해 왔을 겁니다. 사회적으로는 직급이 높을수록 책임자의 면모를 요구하기 시작합니다. 만약 연봉이 오르고 있다면 나이 값에 돈값까지 해야하는 신세죠. 마흔이라면 과장 이상이니 책임자로서 소임을 다 해야 하는 나이죠. 신입 딱지를 뗀 지는 오래고, 중간 관리자로서 중요한 역할을 담당하고, 조직에서도 가장 일을 많이 하는 나이가 된 것입니다. 여러분이 처음 일을 시작했을 때 여러분의 자리에 앉아 있던 대선배의 자리에 여러분이 앉아 있다고 생각해 보세요. 무게감이 느껴지시나요? 이런 것들은 주어진 것이 아닙니다. 견디기 힘든 시간들을 버티고 성장하며 여기까지 왔다면 여러분은 좋은 선택, 인내한 선택의 결과로 얻은 겁니다.

또한 마흔은 누군가의 어머니 혹은 아버지가 되는 나이기도 합니다. 다른 생명의 보호자가 되어 부모라는 역할을 시작했다면 이전과는 다른 자아상을 만들어야 합니다. 모성애와

부성애는 본능이 아니라 선택입니다. 누구나 가지고 태어난다고 생각할 수 있지만 그렇지 않은 사람이 있을 수 있고, 그러지 못할 상황이 생길 수 있죠. 이를 이해한다면 부모됨이 거룩한 행위이며 어른으로 살아가며 행하는 가장 위대한 행위임을 알 수 있을 겁니다. 이때 '부모됨'이란 단순히 자녀를 가진 사람들에게만 해당하는 것이 아닙니다. 결혼하지 않은 마흔, 결혼했지만 아이가 없는 마흔일지라도 사회적으로 후배를 양성하며 사회적 젖을 먹이고 있다면 사회적 부모라고 할 수 있습니다. 스스로 부모되기를 선택했다면, 낳고 키우는 순간을 만끽하면서 함께 성장하고 성숙해지는 기쁨을 누리기 바랍니다. 누군가를 성장시키는 과정은 꽤나 힘든 여정이지만 반드시 나와 상대를 함께 성장시키는 일이기 때문입니다.

 마흔에 달라져야 하는 가장 중요한 이유는 바로 당신이 원하고 있기 때문입니다. 이 책을 여기까지 읽었다면 당신은 마흔 이후 삶을 반드시 바꾸고자 하는 겁니다. 달라지고자 한다면 밑줄을 치며, 단어를 되뇌며, SNS에 문구를 적으며, 다른 이들과 감상을 나누며 내부 암기를 반복했을 겁니다. 이 마흔이 나에게 의미 있기를, 나에게 새로운 지평이기를, 내 마흔이

가볍지 않기를, 나의 40대에는 열매가 가득하기를 바라고 기도하며 지금의 문장을 읽고 있을 겁니다. 그런 인내와 열망, 의지라면 당신의 마흔은 반드시 아름다울 겁니다. 누구의 강요도 없이 여기까지 읽어 온 이들이라면 독립적일 것이며, 기필코 삶의 자리에서 자신의 인생의 기쁨이 무엇인지, 그 기쁨이 다른 사람에게도 기쁨인지에 대한 질문에 긍정적으로 답하고 있는 겁니다.

지금, 당신의 마흔을 누리기 바랍니다. 아름다움으로 채우기 바랍니다. 기꺼이 나이 앞에 당당히 서기 바랍니다. 마흔의 당신을 환대하기 바랍니다. 마흔의 모든 일상이 모든 일생으로 확장될 겁니다. 그러니 오늘의 마흔이 가장 아름답도록 빛을 내세요. 만끽하는 마흔의 기쁨이 생애 모자이크에 가장 빛나는 장면이 될 겁니다.

나이 들수록 지혜, 행복, 가족, 관계, 내면이 충만해지는
마흔의 기술

초판 1쇄 발행 2025년 10월 20일
초판 4쇄 발행 2026년 1월 8일

지은이 이호선
펴낸이 민혜영
펴낸곳 오아시스
주소 서울특별시 마포구 월드컵로14길 56, 3~5층
전화 02-303-5580 | **팩스** 02-2179-8768
홈페이지 www.cassiopeiabook.com | **전자우편** editor@cassiopeiabook.com
출판등록 2012년 12월 27일 제2014-000277호

ⓒ이호선, 2025
ISBN 979-11-6827-353-5 03190

이 책은 저작권법에 따라 보호받는 저작물이므로 무단 전재와 무단 복제를 금지하며, 이 책의 전부 또는 일부를 이용하려면 반드시 저작권자와 (주)카시오페아 출판사의 서면 동의를 받아야 합니다.

- 오아시스는 (주)카시오페아 출판사의 인문교양 브랜드입니다.
- 잘못된 책은 구입하신 곳에서 바꿔 드립니다.
- 책값은 뒤표지에 있습니다.